教育共富背景下

杭州教育财务管理研究的实践

郭建平　编著

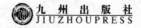

九 州 出 版 社
JIUZHOUPRESS

教育共富背景下
杭州教育财务管理研究的实践

编 委 会

主　　编：郭建平

副 主 编：吴哲人

编 委 会：施桂萍　　占丽萍　　莫伟军　　陈赞迪　　童莉亚

　　　　　吴　艳　　楼淑平　　林靖伟　　陈昕晗　　王晓兰

　　　　　白雪蕊　　郑　岚　　沈瑾薇　　周国勇　　颜斌武

　　　　　王晓霞　　何　洁　　楼　骅　　何嘉辉　　茅敏丹

　　　　　胡彩霞　　卓琼蕾　　卢诗越　　姜淇筌

目 录
CONTENTS

1

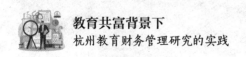

下编　实践研讨

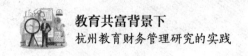

附　录

上 编

报告与思考

杭州市2013—2024年教育财务
管理研究的报告

郭建平

　　2013—2024年,杭州市普教系统在浙江省教育厅、浙江省教育会计学会和杭州市教育局的指导下,全面贯彻上级文件精神,开展教育财务管理研究,搞好课题的研究和成果推广,工作之余做好调研,定期开展研讨交流,让全市中小学财务人员明白,在履行岗位职责时,还要做好区域发展,推动当地教育财务工作与研学融合创新发展,鼓励兼职财务的教师和科班财务创新工作模式,克服机构设置和缺少专业人员的短板,全面改善学校财务管理的新环境,以教师的模样做财务,以教师的能力做课题,有效破解教师兼职财务的难题,进而带动区域教育财务管理和课题研究共同发展。

　　教育经费的有力保障和预算绩效等,是为实现财富的共享和分配。具体来说,就是通过教育来提高人们的知识水平和技能水平,从而提高他们的就业能力和创业能力,进而实现财富的共享和分配。围绕教育局和财政局的工作任务,开拓创新,注重理论研究与实践探索相结合,奔着问题去,带着问题学,对着问题改,把理论学习、调查研究结合起来,推动发展,在勇当先行者、谱写新篇章中唱响教育财务管理最强音。发挥教育财务研究为教育经费提高效益、为决策服务作用,取得了一定的成绩,形成区域性的西湖范式、萧山范式和拱墅范式,构成"一本杂志、一本成果集、一个研讨会、一个公众号"四大特色的杭州范式,为杭城的教育财务管理研究作出我们的贡献。

一、2013—2024年的主要数据

(一)主要荣誉

一个岗位一面旗帜,一个岗位一份责任,无论承担任何工作,都要坚持

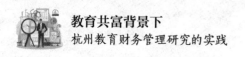

初心,知行合一,全力以赴。

2013年4月,杭州市教育局计财处获得2009—2012年度浙江省教育会计"学会工作先进集体"称号;杭州市西湖区教育会计服务中心郑顺来主任获得先进个人称号。

2018年5月,杭州市西湖区教育会计服务中心获得2017年度杭州市教育财务管理科研先进集体称号。

2019年5月,杭州市西湖区教育会计服务中心获得"科研优秀组织团队"称号。

2020年5月,浙江省教育会计学会第六届会员代表大会2013—2020年度学会工作先进集体和个人评选活动中,杭州市教育局计财处和西湖区教育会计服务中心被评为先进集体,杭州市教育科学研究院郭建平和萧山区教育局会计结算中心主任莫伟军被评为先进个人。

2022年5月,杭州市西湖区教育会计服务中心获得2019—2021年普教系统教育财务科研标兵工作室挂牌。

2022年5月,杭州市西湖区教育会计服务中心被评为2019—2021年普教系统教育财务科研工作先进集体。

2022年5月,施桂萍主任被评为"2019—2021年度教育财务科研标兵"。

2022年,浙江省教育会计学会普教系统2019—2021年度科研先进个人有:郭建平、占丽萍、莫伟军、卓琼蕾、方素华、陈斐、陈赞迪、茅敏丹、胡彩霞、黄忠。

2022年,教育财务研究小组活动积极分子有:何嘉辉、黄赛勤、邵欣悦、茅敏丹、傅月飞。

2023年,杭州市萧山区教育局会计结算中心被评为2022年度教育财务科研活动组织工作先进集体。

2023年,教育财务研究公益活动先进个人有:郭建平、施桂萍、莫伟军、胡彩霞、郑彧哲、黄莉、陈洁兰、郑岚、杨喆燕、何嘉辉、楼骅、张思思。

2023年10月,杭州市教育科学研究院郭建平被杭州市教育局推荐为浙江省先进会计工作者候选人,上报杭州市财政局。

(二)课题管理

从2011年开始,团队每年组织申报课题的研究,每年3月浙江省教育会计学会发布课题指南,第一时间通知课题的研究方向,4月整理课题,我市课题的申报数量(图1)和质量每年都有非常大的进步。用课题来展示我们的成绩,组织评选好,选送参加浙江省教育会计学会课题立项。从2011年至2022年申报285个,结题率达93%。具体见附录。

数量

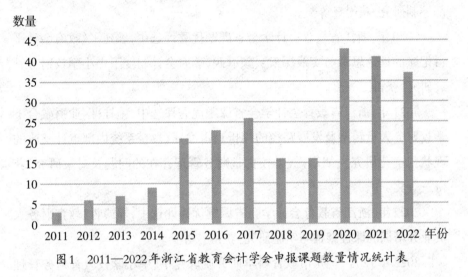

图1　2011—2022年浙江省教育会计学会申报课题数量情况统计表

2013年,浙江省教育会计学会省课题优秀评选中,楼叶通、糜张琴《新公共管理视域下义务教育经费科学化管理的实践研究》被评为三等奖。

2015年,浙江省教育会计学会省课题重点课题立项,王晓霞《国库集中支付制度下学校预算执行内控管理的研究》获评课题优秀一等奖。

2016年,浙江省教育会计学会省课题优秀评选中,张婷婷《中小学发挥内控监督理论与内控自我评价实务研究》被评为三等奖。

2016年,杭州市西湖区教育会计服务中心王晓霞论文《构建学校培训专项经费绩效审计的框架》获得浙江省教育会计学会2016年度优秀科研课题评审二等奖、2016年度浙江省教育会计学会杭州分会课题评审特等奖。

2017年,浙江省教育会计学会省课题重点课题立项,王晓霞《绩效视角下推进学校预算管理透明化的研究》优秀科研课题获得三等奖。

2017年3月,杭州市教育科学研究所郭建平参与浙江省教育会计学会

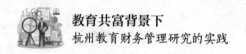

编撰的《教育财会的理论与实践探索》第四辑普教片10篇文稿的编审。

2018年,浙江省教育会计学会省课题优秀评选中,郭建平《基于巡察监督视角下学校财务管理的探讨》获得二等奖,黄莉《学校外包服务管理问题探讨》获得三等奖。

2019年,浙江省教育会计学会省课题优秀评选中,颜斌武《规范中小学新差旅费管理办法的策略研究》、王晓霞《基于风险管理的学校工程项目内部控制研究》获得三等奖。

2020年,浙江省教育会计学会省课题优秀评选中,郭建平《政府会计平行记账的理论思考与实践探索》、颜斌武《政府会计制度下中小学校财务管理研究》获得三等奖。

2021年,浙江省教育会计学会省课题优秀评选中,施桂萍《业财融合下学校财务人员转型及发展路径的探析》、占丽萍《教育系统内部审计整改的现状与优化研究》、胡彩霞《学校食堂财务管理存在的问题及对策研究》获得三等奖。

2022年,浙江省教育会计学会省课题优秀评选中,郑彧哲《教育财务人员业务培训的课程架构与实施研究》获得三等奖。

2022年12月,杭州市教育科学研究院郭建平《中小学校教育财务管理研究团队建设的探究》获得2022年中国教育会计学会面上课题(课题编号:JYKJ2022-103MS)。

2023年,浙江省教育会计学会省课题优秀评选中,陈斐《"放管服"背景下中小学校财务流程优化研究》、陈赞迪《区划调整背景下教育财务团队建设研究——以××区为例》获得二等奖,何嘉辉《电子会计凭证全流程管理下的学校内控制度建设》获得三等奖。

2024年,浙江省教育会计学会省课题优秀评选中,王赟《中小学财务系统内部控制信息化的研究》获得一等奖、姜淇筌《中小学校生均公用经费管理的研究——以L区为例》、张雪雯〈中小学校工会财务内控制度创新研究〉获得三等奖。

2023年7月,杭州市交通职业高级中学何嘉辉《学校电子会计凭证内部控制研究》发表在《新会计》2023年第7期。

2023年1月,杭州市财经职业学校楼骅《中职学校基于数智化财务优化内部控制的实践与研究》发表在核心期刊《教育财会研究》2023年第1期。

2023年8月,杭州市教育科学研究院郭建平《杭州市中小学校教育财务管理研究团队建设的探究》发表在核心期刊《教育财会研究》2023年第4期。

2023年12月,杭州市教育科学研究院郭建平《新〈中小学校财务制度〉背景下的学校财务治理研究》获得2023年中国教育会计学会面上课题(课题编号:YKJ2023-102MS)。

2024年4月,杭州市教育科学研究院郭建平在中国教育会计学会开展2024年学术年会论文征文活动中撰写的《新中小学校财务制度背景下的学校财务治理研究》获得优秀奖。同时文章发表在2024年6月《教育财会研究》杂志第三期(总第35卷)。

2024年5月在国家教育行政学院的《中小学校长》杂志总第313期,郭建平发表《基于"浙里报"信息化管理的学校财会监督实践与探索》。

2024年5月31日,浙江省教育会计学会课题评审会召开,杭州市教育科学研究院郭建平参加评审活动。

(三)区县(市)各类活动相关数据

2017年6月,杭州市直属学校郭建平带领10名财务人员参加中国教育会计学会在河北师范大学组织的全国中小学校财务骨干培训。

2017年5月,组织省课题研究成员、《教育财务管理研究》作者、读者学习交流会(第一届),浙江省教育会计学会秘书处孙振华处长、杭州市教育局张益峰副处长现场指导。郭建平主持会议。

2017年12月14日,浙江省教育会计学会普教系统第二十五次学术研讨会在温州召开。全省100多人参加交流研讨。杭州市教育科学研究所郭建平代表杭州分享交流《杭州教育财务管理研究的实践与探索》。杭州市派出6人参加培训学习。

2017年10月,杭州市教育科学研究所郭建平到桐庐县教育会计结算中心分享《教育财务课题的实践与研究》。

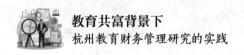

2018年4月,杭州市教育科学研究所郭建平到拱墅区教育会计结算中心分享《教育财务课题的实践与研究》。

2018年5月,杭州市第二届教育财务管理研究研讨会在西湖区隆重召开,主题为"借力课题研究,助推学校财务管理"。同时举行了"学校实行会计外包服务的利与弊"辩论赛。杭州市教育局、杭州市财政局、西湖区财政局和西湖区教育局领导莅临指导。郭建平主持会议。

2018年12月6日,浙江省教育会计学会普教系统第二十六次学术研讨会在嘉兴市海宁召开,杭州市由张益峰副处长带队,郭建平与上城区、西湖区、拱墅区论文作者参加会议,上城区教育局茅敏丹代表杭州交流发言。

2019年5月,杭州市第三届教育财务管理研究研讨会在杭州师范大学附属中学举行。浙江省教育会计学会秘书处孙振华处长和杭州市教育局张益峰副处长莅临指导,参会人员40多人。郭建平主持会议。

2019年11月27日,浙江省教育会计学会普教系统第二十七次学术研讨会在湖州市长兴县召开,杭州市由张益峰副处长带队,郭建平与上城区、西湖区、拱墅区论文作者参加会议。原江干区教育局王晓兰代表杭州发言。

2019年10月14日,浙江省教育会计学会普教财会业务骨干培训班在绍兴市举行。郭建平带领杭州市直属、上城区、西湖区、拱墅区、萧山区、余杭区等10余人代表参加学习。

2020年5月,杭州市第四届教育财务管理研究研讨会在杭州市教育综合楼举行,50余人参加活动,杭州市教育局计财处副处长邓冬青致辞,郭建平主持活动。

2021年9月,浙江省教育会计学会第六届一次理事会顺利召开,各项议案获得通过。杭州市教育局计财处副处长邓冬青任浙江省教育会计学会副会长、常务理事,杭州市教育科学研究院郭建平任浙江省教育会计学会理事、副秘书长、学术组成员和《浙江教育财会》杂志编委。

2021年5月,杭州市第五届教育财务管理研究研讨会在杭州市教育综合楼举行,60余人参加研讨活动,浙江省教育会计学会李国飞老师莅临指导工作,杭州市教育局计财处副处长邓冬青致辞,郭建平主持活动,第一次在线直播,全省教育系统400多人观看。

2021年10月19日,浙江省教育会计学会2021年度会长(扩大)会议在浙工大举行。杭州市教育局计财处副处长邓冬青代表普教系统交流工作,充分地肯定普教取得的工作成绩,同时宣传杭州普教系统的做法和理念。

2021年10月28日,杭州市教育财务管理研究小组首次交流活动启动,并表彰分享财务微课的小伙伴。郭建平主持活动。

2022年5月,郭建平被浙江省教育会计学会推荐为中国教育会计学会基础教育专业委员会委员。

2022年6月,杭州市第六届教育财务管理研究研讨会由杭州市西湖区教育会计服务中心承办,浙江省教育会计学会副会长何兴处长莅临指导工作,杭州市教育局计财处副处长邓冬青致辞。西湖区教育局计财科科长葛宝根参加会议。杭州市西湖区教育会计服务中心施桂萍分享以《西湖范式的财务研究与团队发展》为主题的报告,会上还有表彰、开题论证、课题交流、财会职业精神讨论、"90后"财务微课分享等活动。全省直播,受益者1500多人次。郭建平主持活动。

2023年4月13日—14日,杭州—海宁"教育财务管理研究"交流研讨会在海宁市高级中学顺利举行。活动由浙江省教育会计学会普教系统、杭州市教育局计财处、海宁市教育局主办,海宁市高级中学承办,海宁市教师进修学校、海宁市预算会计核算中心教育分中心协办。本次交流研讨围绕"借力课题研究　助推财务管理"这一主题,开展《中小学校财务制度》专题讲座、课题指导、经验交流、圆桌大讨论、课题推广、现场学习交流会等活动,形式多样、内容前沿、意义深远。杭州市西湖区教育会计服务中心施桂萍主任分享《课题研究助推财务管理》,萧山区教育局会计结算中心莫伟军主任分享《运用流程技术实现课后服务费收支管理》。杭州市教育局计财处俞莉莉莅临指导,郭建平策划、组织和主持本次活动。

2023年6月14日,以"教育共富背景下的教育财务实践"为主题的杭州第七届教育财务管理研究研讨会在萧山区举行。本次研讨会由浙江省教育会计学会普教系统、杭州市教育局计财处、萧山区教育局主办,由萧山区教育局会计结算中心承办。浙江省教育会计学会副秘书长、《浙江教育财

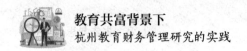

会》编辑部、秘书处主任林靖伟、杭州市教育局计财处副处长、浙江省教育会计学会副会长、常务理事邓冬青、萧山区教育局副局长封小丽莅临会议并致辞,萧山区教育局计财科负责人陆青和浙江省教育会计学会秘书处王晓霞莅临会议。萧山区教育局会计结算中心莫伟军主任分享《做文化的会计》,活动中举行隆重的《会计人员职业道德规范》宣誓仪式和学习宣传启动。全省直播,受益者3000人次。郭建平主持活动。湖州、嘉兴、武义等地市教育会计中心负责人参会。

2023年6月14日杭州市教育局计财处为响应浙江省财政厅学习"会计人员职业道德规范"的活动号召,积极探索创新宣传的形式与方法,在"第七届教育财务管理研究研讨会"上开展"会计人员职业道德规范"宣誓仪式和全市各区90后会计人谈体会和以案说法等一系列宣传教育活动。

2023年7—8月,杭州普教系统组织财务骨干赴长兴、嵊州和温岭等地开展中小学校财务人员基本情况调研和老会计人生访谈活动。活动在中国教育会计学会公众号刊发,受到好评。

2023年6月20日,为"美好教育工程"再添清廉底色,余杭"美好教育杯"首届财务技能大赛(决赛)在海辰中学隆重举行。全区6支学校(幼儿园)参赛队伍、18名选手进入最后的决赛。区教育局党委书记、局长徐伟龙,区财政局党委委员、国资办专职副主任卢晓琴,区教育局副局长姚永安,区教育局二级调研员鲍志法,浙江省教育会计学会理事、副秘书长郭建平,西湖区教育会计服务中心主任施桂萍出席活动。全区校(园)长及学校财务人员共300余人参加。余杭区教育局计财科科长徐燕铭说:"18位财会高手同台竞技、尽显风采。必答题环节,各位选手对答如流,胸有成竹,展示出了扎实的理论功底;抢答题环节,选手们才思敏捷,眼疾手快,全方位展现选手丰富的知识储备……在知识与激情碰撞的舞台上,参赛选手以强劲的实力全面展现了余杭教育系统财务人员优秀的理论素养和良好的精神风貌,收获了阵阵掌声。"

2024年4月25日,首届西湖区教育系统财务技能公开赛在育才实验学校举行。全区教育系统初赛选拔出的6支队伍共计18名选手参加决赛。浙江省教育会计学会副秘书长、秘书处主任林靖伟,浙江省教育会计学会理事、副秘书长郭建平,杭州师范大学财务处副处长白雪蕊,西湖区教育局党委书记、局长汪培新,西湖区教育局党委委员、副局长程莉莎,西湖区财政局党委委员、副局长刘苗,西湖区审计局党组成员、副局长王院生等领导出席。全区教育系统校长、分管校长、财务人员近400人参加活动。

2024年4月,杭州市西湖区教育会计服务中心举行隆重的科研成果集《浙里财十年》图书发布仪式。该书汇聚西湖区教育财务系统2013—2022年在浙江省教育会计学会的立项课题成果。63项立项课题,研究内容涵盖预算管理、财务治理、会计核算、内控建设、资产管理等财务管理领域。每个年份都有财务人员研究的足迹,凝聚了财务人员的研究热情,探寻破解教育财务管理过程现实问题的新思路新方法。"一本杂志、一本成果集、一个研讨会、一个公众号"已成为杭州范式四大特色。发布会上收到丽水市庆元县会计核算教育分中心祝贺的微电影《春风十里"浙财"遇见你》,还有萧山区、拱墅区、上城区、余杭区、海宁市和嵊州市等地同行发来视频祝贺。

2024年5月22日杭州市迎来了"第八届教育财务管理研究研讨会",本次研讨会是由浙江省教育会计学会普教系统、杭州市教育局计财处主办,拱墅区教育局、拱墅区教育会计结算中心承办,华东师范大学附属杭州学校协办。杭州市教育科学研究院郭建平主持。出席活动有浙江省教育会计学会副秘书长、秘书处主任林靖伟、浙江省教育会计学会秘书处王晓霞、杭州市教育科学研究院、浙江省教育会计学会理事、副秘书长郭建平、拱墅区教育局计财科张频科长、拱墅区教育会计结算中心占丽萍副主任、义乌市教育局计划财务基建科科长、正高级会计师毛亚丹、杭州西湖区、萧山区、余杭区、上城区、富阳区、临平区、钱塘区等区县计财科长、结算中心主任代表、财务骨干及远道而来的重庆市教育会计学会赵世明书记团队、滕州市教育和体育局庞金良主任团队、浙江省庆元县、嵊州市、湖州市、安吉县、义乌市、武义县、新昌县、海宁市、桐乡市、永嘉县、温岭市、浦江县等教育财务团队以及拱墅区所有的一线财务人共计400余人,相聚拱墅现场聆听真知灼见,一起分享自己的感悟和心得,共同为教育财务的发展献计献策,共同见证杭州教育财务人的华丽绽放。

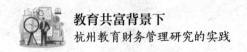

二、主要工作

(一)为完善教育财务管理研究,认真研究学习上级指导精神

中小学校承担科研课题研究的主要是教师和研究员,财务人员较少甚至没有参与。杭州市中小学校财务人员另辟蹊径,着眼于财务工作实践,总结归纳,积极参与财务科研课题研究,营造"个个有课题、人人有(研究)方向"的浓郁思考研究氛围。通过财务科研课题研究,财务人员走出了专业成长康庄大道,不仅仅埋首于简单的财务数据之中,会计领军人才、财务领导岗位、师资培训专家、论文撰写达人不断涌现。从2011年开始,杭州市一直在探索教育财务草根研究,在浙江省教育厅、浙江省教育会计学会和杭州市教育局的领导下,虽取得了一定的成绩,总感觉有点自娱自乐,但是2022年转机来了,我们找到了组织,中国教育会计学会基础教育专业委员会,认真领会专业委员会精神,引领区域发展,赋能教育财务新力量,搞好课题研究,做好问题调研,讲好杭州故事,凝心聚力共成长。

(二)以研讨会为载体,不断提高教育财务研究的深度和广度

为了做好教育财务管理研究,创建具有杭州特色的"杭州市教育财务管理研究"研讨会品牌,每年举行全市的教育财务管理研讨会,是全市中小学校财务人的学术盛宴。

2018年,我们和杭州市财政会计学会举办"杭州市教育财务研究学术沙龙",主题是"借力课题研究,助推财务管理",意在通过交流研讨的方式,进一步总结教育财务管理的先进经验,提高理念认识,促进实践进步。团队成员个个信心满满,心中有目标。

每年研讨会上有"先进表彰""主题交流""课题交流"等内容,2022年增加"圆桌会议",为提炼铸造新时代"财会职业精神",贯彻执行浙江省财政厅"财会职业精神"宣讲,提炼会计职业的精神实质,将诚实守信、严谨细致、求真务实、开拓创新等内核要素与行业特征、时代要求深度融合,铸造新时代财会职业精神,引领行业健康发展。2023年"会计人员职业道德规范"宣誓仪式、"科长(主任)论坛"是我们教育财务管理者的论坛,有研究成果的展示,更有领导者的管理经验分享。

（三）积极参加各类征文活动，展现杭州教育财务研究活力与风采

2011—2023年，我们在各类杂志上收集信息，为财务人员提供学习机会，让课题成果转化成图书，也是一种质的飞跃，让大家明白机会永远留给有准备的人，一起探索成果转化路径。如：2014年6月浙江大学出版社出版的《升级版中小学后勤管理案例集粹》收录8篇文章；2017年浙江大学出版社《教育财会的理论与实践探索》收录10篇文章；2017年杭州出版社的《2017年度优秀调研成果汇编》收录15篇文章；2018年笔者和卓琼蕾合作的《改革开放40年杭州教育会计的发展与创新》收录在《2018杭州教育科研年度报告》一书。2019年和陈赞迪合作《教育系统会计人员专业现状的调查研究》收录在《2019杭州教育科研年度报告》一书，同年和富阳区吴艳主任合作调研《撤市设区后学校会计队伍的现状分析及思考》发表《商业》2020年第三期。财务人员成果转化成图书，充分展示杭州教育财务研究的风采。

2018年第二届研讨会会场

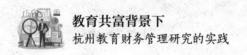
教育财务管理科研工作的实践与思考

施桂萍

杭州市西湖区教育会计服务中心始终坚持"用科研的方式提升财务的品质,用管理的绩效凸显科研的价值",聚焦真问题,坚持真学习、真研究、真反思,探寻破解教育财务管理过程中的现实问题,更加规范财务管理流程标准,助推西湖教育高质量全域优质发展。

一、思考:为什么要做教育财务研究?

因为需要,所以研究。西湖区教育会计服务中心是一支年轻的队伍,这支财务专业毕业的队伍不能仅停留在记账、核算中,需要更多的思考、更多的创新与挑战,让自己的专业更精深,内心更丰盈。

1. 加速个人成长的需要

"经验 + 反思 = 成长",科研是促进教师成长的加速器。"问题即课题,过程即研究,结果即成果",将日常财务工作的过程变成研究的过程,不断自我反思和行为跟进,直至提出有效地解决问题的方法,可以帮助自我实现"改进工作""发展自我"。

2. 促进单位发展的需要

科研引领单位的发展,教育财务研究关系着单位是低位运作还是高位发展的问题。以重点课题来推动单位的整体工作,打造时时处处人人可参与的研究机制,达到"工作研究化,研究工作化"的境界。

二、实践：教育财务科研管理"5个三"

(一)课题管理三阶段

1. 开题论证：开题论证不仅可以激活大家对于课题的重视程度，激活大家研究的激情，更主要的是能得到同行、专家的提示和建议，这往往会成为课题走向正确方向的关键。有时候按课题内容分组进行论证。前期，每一个课题负责人都精心准备，理清研究思路，制作了精美的PPT。论证会上，课题负责人充分展示了课题的研究框架、研究内容、研究方法、初步成果等。随后，各课题组组员对本组课题进行补充交流，充分展现了小组团队研究的力量。其他没有参与课题的人员经自主选择，被卷入式地参与讨论。这样人人参与，人人交流，同伴互助，达到了智慧共享，共同进步的目的。

活动结束后，看到公众号里一位课题负责人参加活动后的感悟文章《在收获中前进，在课题研究中成长》，有惊喜、有感动，立即转发给中心大家庭分享，并且写了这么一段评价"有思考、有触动、更有行动！在实践中研究，在研究中成长！"大家纷纷点赞。

管理者都希望设计的每一个活动，每一次行动，都能够让年轻的会计迸发思维的火花，能引发成长的动力。

2. 中期监测：这是课题向纵深发展的重要关节点，课题如果不加强中期监测，将会变成只有方案、成果，会缺乏过程性的管理。在中期监测会上，全体课题负责人进行汇报交流。平时就要求每个人的课题与日常的财务工作紧密结合。比如，关于财务分析研究，每个月的财务分析报表等就要明确体现课题思想，要反映课题研究成果，业务骨干会进行会诊，提出下一步研究的重点与方向。

3. 成果推介：推介是一个课题的成果展示，通过成果分享，获奖表彰等，总结这个课题的成果，引发新一轮研究热情。在成果推介会上，可以把所有获奖或发表的文章全部汇编成册，让财务人员学习借鉴，成果就能发挥更大的价值。

同时，借力平台，寻找交流研讨的机会，让财务人员成长更快。2018

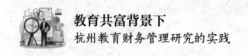

年,中心承办杭州市教育财务研究学术沙龙活动。学术沙龙的主题是"借力课题研究,助推财务管理",并作《课题·学研思》的主题汇报,介绍了中心课题研究的发展历程和研究成果。财务人员也分别结合各自的课题研究,向与会成员分享了研究思路与心得体会。

成果推介展示,不仅仅是表彰,更是辐射。辐射科研方法,辐射科研精神,辐射由此而带来的财务管理的新理念、新行为。

(二)课题成长三环节

1. 个人苦修研磨之"方略初定"。在课题方案形成前,先让财务人员撰写财务案例,找问题分析,写策略写启发,为课题研究做准备。坚持形成了暑假写财务案例,寒假写课题方案的常规。课题方案或成果的形成,首先源于各课题负责人的精心研磨和独立架构。课题方略图的建构和课题整体框架的布局,是课题负责人及其团队课题研究水平的体现。

2. 借力草根专家之"定向帮扶"。成立以主任、科研主任、业务主管为主的"草根专家",从课题方案的方向指导,到课题实施的过程,到课题成果撰写的修改,实行"定人、定时、定向"的帮扶原则,对相关课题及成果进行全方位的关注和指导,提高课题研究的质量。

3. 借力财务专家之"把关细敲"。邀请财务专家面对面,就课题选题、课题方案的形成,课题成果的撰写等,作高位的细致指导,指导课题的指向、课题的架构、课题的实施路径,甚至逐句修改课题报告。接地气的指导,给每一位参与者很大的肯定,提高了财务人员参与、学习、继续做课题研究的积极性。

(三)课题内容三导向

1. 导向社会热点话题。选题紧扣财会发展与改革的新政策、新进展、新问题,紧扣大数据背景下信息化、智能化等热门话题,鼓励财务人员开展研究,让思维跟上发展的潮流、行动走在改革的前列、科研成果保持活力热度。

2. 导向工作重点问题。问题即课题,日常工作的问题就是课题,解决问题就是研究课题。围绕单位重点工作思考研究,用科研的方法解决工作中的重点问题,研究更务实、成果更有价值。

3.导向难点调研问题。将日常易出错的财务问题,区域推进的难点问题,调研碰到的疑难问题等作为课题的研究内容。定期收集解决问题、蓄力素材沉淀,鼓励财务人员在平时工作中多读、多写、多思考、多留痕。

（四）日常研究三重视

1. 重视专题研讨。举办财务管理科研讲座及专题研讨活动,中心主任带头讲,邀请专家重点讲,"如何做好业务与财务的有效融合""如何做科研""如何做好财务分析""财务必须懂业务""教育财务课题的实践与研究""关于课题申报的几点建议"等专题讲座更加清晰财务人员的课题思路,也提升了财务人员的理论素养与课题研究能力。

2. 重视培训学习。以"走出去"和"请进来"相结合、线上与线下相融合的形式开展多种形式、多元内容的培训学习,真正发现问题、研究问题、解决问题,推进培训实效。组织课题组成员到上海国家会计学院等地学习,进而将学习体会带回来交流分享,让更多的人了解前沿的财务信息。也将先进理念请进来,邀请教育财务领域专家进行专题讲座,加强对中心财务科研工作的指导。

3. 重视抱团研究。课题研究不能只靠个人的单打独斗,不能只是朋友式的约定研究,而是要让更多的人卷进来。采取老中青传帮带式的"抱团研究",让骨干引领,智慧碰撞,研究更有力量。人人参与,自主选择,抱团研究,共同发展,努力造就一支专业精深、内心丰盈的研究型财务队伍。

（五）课题保障三到位

1. 科研制度保障。中心将科研工作纳入中长期规划中,在每学年的工作计划中,同时列出详细的年度工作行事历。建立系列考核评优激励机制,激发科研人员的积极性、主动性和创造性。

2. 科研组织保障。成立了以主任为主管领导,科研负责人、业务主管为组员的领导小组。各成员明确分工,落实行动,为整个中心的教育财务科研工作顺利开展提供保障。

3. 科研经费保障。中心对科研有专项经费预算,对合理的研究活动经费大力支持,经费主要用于专家的聘请,研究书籍的购买,外出学习培训等。

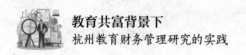
三、引领:西湖范式创优品牌

1. 创新了财务管理实施路径

聚焦真问题,学习新方法,开展真研究,破解教育财务管理过程中的现实问题。打造了西湖教育财务人时时、处处、人人可参与的研究新机制,抱团互助,智慧共享,共同进步。以课题推动单位的发展,规划财务人员的发展路径,顶层设计培训课程,提升专业素养。紧抓财务审计两条主线,研究财务流程标准,助力西湖教育高质量全域优质发展。

2. 取得了财务研究系列成效

从2013年以来,至今已有75个教育财务课题在浙江省教育会计学会立项,内容涵盖预算管理、财务治理、会计核算、内控建设、资产管理等领域。2024年1月,中心《“浙”里“财”十年》科研成果集出版发布,在浙江省基础教育财务领域中都有着深远的意义。教育财务研究和教育审计研究给财务人员带来更多的思考,更多的创新和挑战,也收获了很多的荣誉。中心被浙江省教育会计学会评为“2013—2020年度学会工作先进集体”,被浙江省教育会计学会杭州分会评为“2017年度课题研究先进集体”“2019—2021年度教育财务科研先进集体”等荣誉。

3. 确立了教育财务西湖范式

“用科研的方式提升财务的品质,用管理的绩效凸显科研的价值”,西湖教育财务研究在杭州市、在浙江省都有了一定的影响力。在《教育财务管理研究》内刊杂志投稿数量全市榜首,获评“研究角度多方位,研究价值高质量”。在各级财务研讨交流会上,西湖教育财务多次主题发言,受到了省市教育会计学会领导的充分肯定和一线财务人员的热诚欢迎。西湖财务的示范效益逐步扩大,成为“西湖范式”的杭州品牌。

改革开放40年杭州教育会计的发展与创新

郭建平　卓琼蕾

一、改革教育投入体制,完善教育资金来源

在计划经济时期,学校是政府部门所属,由所属部门负责经费筹集。城市学校一般由政府部门拨款和学杂收费支撑,农村学校由农民自筹资金和学杂收费作为学校运行经费。1993年,根据《中国教育改革和发展纲要》,杭州市扭转政府包揽办学的格局,逐步建立教育经费由政府拨款、征收教育税费、校办工厂、社会捐资集资等多渠道筹集,社会资金共同投入体制。2007年,杭州市贯彻中央和省有关文件精神,落实市、区县(市)政府对义务教育的保障责任,促进农村综合改革,推进义务教育均衡发展,提高义务教育水平,实施义务教育阶段经费保障机制改革,将全市义务教育全面纳入公共财政保障范围,建立各级政府分项目、按比例分担的义务教育经费保障机制。2016年,杭州市统筹城乡义务教育均衡发展,调整完善了义务教育经费保障机制。统一城乡义务教育生均公用经费基准定额、巩固完善了义务教育学校校舍安全保障长效机制、巩固落实城乡义务教育学校教师工资政策。全面排查全市中小学校校舍,在预算中安排中小学校舍维修改造资金;进一步推进中小学教师养老、医疗等社会保险制度改革,改善中小学教师工作和生活条件;结合实际提高公用经费补助标准,对规模偏小学校适当提高核定公用经费。

经过40年的发展创新,杭州市完善的教育投入体制已基本形成,在经费保障教育已在相对高位均衡下运行。

二、实行义务教育,完善困难资助

义务教育是国际上的通行做法,也是提高全民族素质的有效途径。在改革开放之初,由于经费等各方面因素的影响,义务教育得不到全面推进。杭州市从2007年春季学期开始,免除农村学校义务教育阶段学生课本费和作业本费;2009年春季学期开始,全部取消义务教育阶段学校住宿费;2010年,杭州全市城乡义务教育免收课本费和作业本费。

完善家庭经济困难学生的资助政策,杭州市2016年秋季学期起对不同类型的困难学生实行不同的资助政策,认真履行"不让一个孩子因家庭困难而失学"的承诺,积极推行教育资助券、国家助学金制度。2011年秋季学期,杭州市实施普通高中国家助学金新政,9672名学生享受普通高中国家助学金700万元。

表1 2013—2016年杭州市教育资助(奖励)情况表

	2016年	2015年	2014年	2013年
人次(万人)	17.4	20.24	24.88	20.47
金额(亿元)	1.74	1.63	1.42	1.65

根据《杭州市教育大事记》数据整理。

三、推进预算管理改革,建立全面预算

在计划经济体制时期,教育经费来源渠道单一,轻视预算管理。改革开放以后,预算外资金成为学校收入的主要组成部分,形成了以综合财务计划为主的综合财务计划。逐步将学校预算内、外各项资金、基本建设资金、生产经营资金等一切财务收支计划纳入综合计划范围,形成了统一、完整的学校财务收支计划。公共财政体系建立以后,为了与公共财政体制相适应,杭州市全面推进教育预算体系建设,全部收入和支出都纳入预算管理,做到预算一个"盘子"、收入一个"笼子"、支出一个"口子"。2016年,杭州市健全规范透明预算管理,完善预算支出定额和标准体系,强化预算安排与人员编制、资产状况、预算执行率和绩效评价结果相挂钩的机制。杭州市教育预算管理正从低层次的预算编制向预算执行和推进预决算公开

的高层次阶段推进。以预算规范教育支出从事前、事中、事后贯穿于学校会计管理的全过程。杭州市对教育预算执行管理高度重视,切实采取有效措施,加快教育支出执行进度。建立按月通报制度,对预算执行进度低的单位采取压缩下一年度预算控制数,将预算执行进度纳入预算绩效考核之中,从根本上扭转学校"重预算编制,轻预算执行"的局面。2016年,杭州市推进预决算公开工作又是学校加强预算管理的一项重要举措。财政专项资金、政府采购情况、"三公"经费预决算情况、国有资产状况及时、准确地向社会公布。

四、建立会计结算中心,规范教育收支

部门预算、国库集中收付制度、政府采购制度、收支两条改革等制度的推进,对学校会计管理产生了深刻的影响。2005年,杭州市直属学校会计收支管理统一纳入杭州市市级机关事业单位会计结算中心的管理之中。结算中心按照会计制度规定,确定直属学校账套,进行会计核算,编制会计报表;办理直属学校的年度核算,协助做好经费使用情况的控制,监督直属学校做好会计核算后的日常管理和服务工作。对直属学校日常会计核算中出现的疑难问题进行集中处理,统一核算标准、核算方式。指导学校预算编制、督促学校规范预算执行、协助学校进行年终结算以及决算,结算中心成为教育资金支付的精算师,预算执行的好管家。萧山区、西湖区、拱墅区、下城区等各城区根据本辖区的实际情况,结合杭州市有关教育会计管理要求,分别成立了教育局的会计结算中心,更有针对性地为教育会计服务。2016年3月正式挂牌运行的萧山区教育局会计结算中心负责所辖203所学校的收支审核、资金管理、账户管理、后勤保障以及教职工统发工资基础管理工作。原始凭证合法性和真实性、报销手续的规范性、支出是否有预算管理、教育会计账务处理的实时监督等方面成为教育会计结算中心日常工作的重要组成部分。

20世纪90年代开始,国家全面推开会计电算化工作,随后进行的会计信息化建设,创新了教育会计管理手段,提升了教育会计管理手段。21世纪初,教育会计结算中心的成立和开展工作,深化了教育会计信息化工

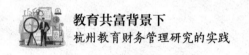

作。2009年,配合教育会计集中结算以及国库集中支付改革,杭州市实行了公务卡制度,规范了教育公务支付行为,堵住了教育会计核算漏洞,教育会计信息更加真实可靠。2017年,杭州市本级电子凭证库上线是国库集中支付电子化管理又一创新举措。

教育收费是人民群众最为关心的事情之一,与人民群众有紧密和直接的联系。杭州市创新实行教育收费公示和收费联系卡制度,畅通教育乱收费举报渠道,主动接受社会各界对教育收费的监督。强化学校财务预算管理,严格实行"收支两条线",进行内部审计和监督,专项资金使用情况和财产物资管理实行专项检查。2017年,以"最多跑一次"改革为契机,推进教育收费规范化、制度化、法治化管理。自2017年7月1日起,杭州市公办幼儿园保教费、公办普通高中学费和住宿费、公办中等职业学校住宿费等通过移动App、网上银行、银联、支付宝等多种方式快捷支付。这种收费方式不仅给家长、学生带来便捷,也使教育收费更加高效率和透明化,收费直接纳入财政部门统一核算账户管理。学校既减轻了收费工作量,也使财政非税收入及时、足额入库。

五、开展教育会计研究,创刊《教育财务管理研究》

重视教育会计理论研究、加强教育会计学会建设一直是杭州教育会计工作的重点。杭州市教育会计学会以杭州市教育局计财处为依托,充分发挥教育会计学会在开展教育会计理论研究组织和推动作用。杭州市教育会计理论工作者和实践工作者积极开展教育会计理论研究和实践探讨。2014年,浙江省教育会计学会普教系统第二十三次学术研讨会由杭州市教育局承办,会上杭州教育财会研究以丰硕的理论与实践研究成果独领风骚。杭州市教育分会充分吸纳杭州市直属学校、各区县教育会计工作者为会员,鼓励并指导会员开展教育会计理论与实践研究,会员们的研究成果对杭州市教育会计的发展和改革起了一定的促进作用。2016年,普教杭州分会组织召开了省课题研究成员、《教育财务管理研究》作者、热心读者交流会。会议通报了省教育会计学会2017年课题立项情况和研究进展,颁发了2016年省课题获奖证书;总结了《教育财务管理研究》创刊以来工作情

在2023年10月(苏州)中国教育会计学会基础教育专业委员会第二次会议上,
郭建平分享《杭州范式的教育财务管理研究》

况;学习交流财务管理经验。杭州市教育局计财处张益峰到会讲话,对杭州市教育分会学术研究提出了要求。

杭州市教育普教分会改革开放之后尤其是近年来研究成果丰硕。在研究成果方面,除了论文之外,还有研究报告和调查报告;在研究层次方面,除了省教育会计学会一般课题之外,还有些是重大或重点课题;研究成果不少被评为优秀成果,或在教育会计实践中得到了运用。《教育财务管理研究》自创刊以来已经刊出18期,每期以杭州市教育普教分会会员的理论研究论文、杭州教育会计领域重大变革等与实践密切相关的信息为主,不断增强期刊的可读性和实用性。杭州市教育普教分会不断加强外界联系,与兄弟市(区)教育会计协会交流,每年派出人员参加浙江省教育会计学会普教分会在各地级市举办的学术研讨会,积极组织杭州市优秀教育会计人员参加全国教育会计业务方面培训,增强教育会计人员的业务素质。

改革开放40年,杭州市教育描绘了宏伟的蓝图,激发了人们对美好教育的向往,教育会计紧紧跟随着办美好教育的路径,发展创新。我们有理

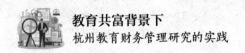

由相信,改革40年教育会计的发展创新仅仅是个开始。潮平岸阔风正劲,扬帆起航正逢时。广大教育会计工作者将整装待发,勇往直前,奔赴教育会计改革的最前线,为杭州更美好的教育作出更大的贡献。

(参考文献略)

(原载于杭州市教育科学研究院编《杭州教育科研年度报告》,现代出版社2019年版)

中编

专业研究

▷ 财务管理

新《中小学校财务制度》背景下的
学校财务治理研究[①]

郭建平　邓冬青

一、前　言

治理是当今热门话题。治理的目的是什么？如何实现治理目的？研究治理者很多，但研究"中小学校财务治理"甚少。在中国知网检索"中小学校财务治理"，"中小学校制度效能"，没有相关研究成果。对财务管理、食堂采购流程、教育收费、资产管理等环节存在的制度落实和监督不到位等问题，各地每年都要进行巡察、内部检查和经济责任审计等。

《中共中央关于全面深化改革若干重大问题的决定》指出，"全面深化改革的总目标是完善和发展中国特色社会主义制度、推进国家治理体系和治理能力现代化"。同时，《中国教育现代化2035》在推进教育治理体系和治理能力现代化方面，对教育现代化的十大战略任务进行重点部署。

以习近平同志为核心的党中央统揽全局，围绕完善党和国家监督体系、把"财会监督"作为党和国家监督体系的重要内容，作出战略部署，为在新的时代条件下推动"财会监督"工作不断取得新进展提供根本遵循和一系列工作思路。为进一步规范中小学财务行为，财政部、教育部于2022年

---

① 本文系2023年中国教育会计学会面上课题"新《中小学校财务制度》背景下的学校财务治理研究"（课题编号：JYKJ2023-102MS）成果；研究团队成员：邓冬青、郭建平（执笔）、童莉亚、陈赞迪、占丽萍。

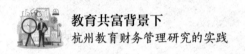

1月发布《事业单位财务规则》后，又于2022年7月发布《中小学财务制度》（财教〔2022〕159号令）。一系列规章制度的颁布，体现改革精神，聚焦近年来中小学校教育成果和财务管理面临的新问题，立足中小学校实际，以制度规范为主，提高治理能力，在不断提高财务管理水平不变的前提下，提出针对性、可操作性的制度规范，为规范学校财务管理提供依据。

二、研究的背景和必要性

基于近期新颁布的一系列政策背景，为推进国家治理体系和治理能力现代化，中小学财务治理结构现代化、财务治理信息化、岗位职责化，必须坚持党组织领导下的校长负责制，不断深化改革，实现学校治理工作的开展。开展财务治理，是学校构建现代治理体系的重要环节和有力保障。

由党组织牵头，明确新的制度对中小学财务管理进行规范。《关于建立中小学党组织负责人负责制的意见（试行）》是中共中央办公厅于2022年1月印发的，其中第4条规定，"在学校党组织的领导下，依照学校党组织的有关决议，校长依法依规行使职权，对学校的教育教学和行政管理负总责"。

每年各地对教育的巡视、内控、经责审计等都指出学校财务管理、内部控制、食堂采购过程、教育收费、资产管理等环节存在制度落实不到位、监督不力和治理不足等问题。特别是2023年3月，浙江省组织开展专项治理漠视侵害群众利益问题专项行动，通过检查落实《制度》，对中小学校食堂采购、制定制度、采购程序、材料验收等方面的问题进行专项治理。落实好压力传导，牢固树立"风险就在身边"的忧患意识和底线思维，对存在的问题和短板进行全面排查，健全风险预警和快速反应体系。加快风险研判、矛盾化解和整改落实，切实维护师生的切身利益，奋力办好人民满意的教育，中小学校财务管理就显得十分重要。

当前，中小学校财务管理面临着"能力不足的危险"，具体表现在三个方面：一是学习动力不足，不主动学习，面对出现的新情况、新任务不主动研究。二是执行能力不足，满足于以会议落实会议、以文件落实文件、照抄照搬上级文件、制度和办法、制度上墙，有了好的制度不抓落实，制度成了稻草人，成了纸老虎，成了花瓶。三是创新能力不足，支出不问绩效、不研究新问题、不寻找新出路,惯性思维,理论和制度不创新。面对这种情况,对中小学校财务进行管理是十分必要。

三、新制度对学校财务治理的影响

本次的新制度修订主要是规范财务行为,更好实现教育事业的健康发展。一是强化党组织的地位作用。依据中共中央办公厅《关于建立中小学校党组织领导的校长负责制的意见(试行)》,明确党组织在财务管理工作中的领导地位,将原《制度》中的"校长负责制"改为了党组织领导的校长负责制"。二是增强财务管理专业力量。新增指定专人主管财务工作、合理设置财务部门、财务主管人员参与重大决策、财会人员业务培训和专业知识等。三是着眼实际问题加强规范。比如,结合实际将学校食堂区分为自主经营、委托经营、配餐托餐等不同模式,分别明确财务管理要求;明确将学生课后服务收费计入其他收入;明确在建工程达到交付使用状态后一年之内必须办理竣工财务决算和资产交付使用等。

第一,制度治理。健全组织架构(见图1)、规范业务流程,党组织顶层设计中小学财务管理工作;财务管理工作按照《关于建立中小学党组织领导的校长负责制的意见(试行)》的相关规定落实。学校财务管理存在"等靠要"的观点,管理流程和方式单一,学校财务治理的理念还没有被接受,没能抓住制度是治理的基础这个杠杆,来撬动学校财务制度的规范和创新,达到促进学校事业高质量发展的目的。同时,学校经费使用绩效目标不明确,预算不精准,信息公开不到位。管理中要采取"以人管人、以制度管人、以制度管权、以制度管事、以制度管物、以制度管钱"的模式,发挥制度效能,强化制度的指导性、约束性,带动财务管理向管理制度靠拢,实现财务治理、制度效能、治理效能的转变。加强科学、准确、规范的学校财务活动。

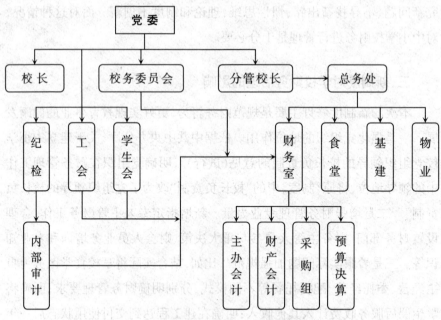

图1　学校的财务治理的组织架构

　　第二,食堂管理。食堂是当前学校治理中迫切需要解决的痛点和难点,各地都有各自的管理模式。《中小学财务制度》对学校食堂的不同管理方式分类提出不同的财务管理要求,为规范、科学、统一管理食堂财务管理指明方向。《农村义务教育学校食堂管理暂行办法》是教育部等十五部门于2012年5月发布的,其中第十六条规定,"学校食堂一般应由学校独立经营,统一管理,不得对外承包经营"。教育部等五部委下发的《关于进一步加强农村义务教育学生营养改善计划有关管理工作的通知》(教督函〔2019〕2号)规定,"学校应当按照'专款专用、及时结算、年度平衡'的原则,滚动使用营养改善计划学校食堂(伙房)结余款,不得挪作他用"。针对学校食堂采购、验收、财务核算、信息公开等环节存在的问题,进一步规范食堂财务管理,建立健全管理监督机制,通过治理发挥食堂公益功能,各中小学校自查自纠,交叉检查,发现问题,推动解决问题。浙江省教育厅于2023年3月开展漠视侵害群众利益问题专项治理,实现中小学学校食堂自主经营100%全覆盖,公办中小学食堂大件物品采购公开招标100%全覆盖,校外供餐企业公开招标100%全覆盖,中小学食堂"阳光厨房""食堂智治" 100%全覆盖,切实把制度效能转变为治理效能和工作落到实处。

第三,队伍建设。明确工作职责,强化能力要求,经济越发展,会计越重要。学校的内部治理离不开会计工作,没有准确的会计信息,不可能治理好,所以要激发会计人员的岗位意识和责权意识。《会计基础工作规范》 (财政部令第98号)于2019年3月由财政部修订,其中第6条规定:"各单位应当根据会计业务的需要设置会计机构;不具备单独设置会计机构条件的,应当在有关机构中配备专职会计人员。"《中小学校财务制度》第7条规定:"中小学校应当指定专人主管财务工作,配备财务、会计人员,并根据需要合理设置财务部门,对学校的各类经济活动实施管理、核算和监督。"树立"以人为本"理念,充分调动积极性、主动性和创造性,在职称、职务晋升、绩效、专业培训等方面给机会,营造和谐、平等、积极向上的氛围,促进财务管理工作的治理水平,让财务人员有归属感,让部门有凝聚力。

第四,机构设置。各地中小学校办学规模较大,涉及的经济业务事项较多,财政对财务的要求也高。调研发现,中小学校没有单独的会计机构,均在总务处或办公室下。学校总务处的业务工作涉及物业管理、基建、维修、资产管理、学校食堂、宿舍等后勤综合服务,事务多而杂,没有相应的资质和精力来管理学校财务工作。根据《中华人民共和国会计法》第三十六条"各单位设置会计机构,应当根据会计业务的需要"、《中小学校财务制度》第7条"中小学校应当指定专人负责财务工作,配备财务、会计人员,根据需要对学校各类经济活动实施管理、核算、监督,合理设置财务部门"的规定,突出财务专业化,对学校的财经活动进行归口管理,实现从简单的记账、算账和报账向生财、聚财和理财转型。

第五,收费管理。加大对地方的引导力度,落实"双降"政策的指导。 《关于进一步加强和规范教育收费管理的意见》第六条规定:"学校除完成正常的保育、教育教学任务外,可按自愿原则和非营利原则收取学生或学生家长应负担的部分服务性费用,为在校学生提供学习和生活所需的相关便利服务,以及组织开展研学旅行、课后服务、社会实践等活动。"但同时也规定,"学校不得擅自设立服务性收费项目,不得擅自设立代收费项目,不

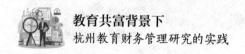

得收取代收费费用"。

2023年8月,财政部办公厅下发《关于组织开展2023年全国教育收费自查自纠和重点抽查检查的通知》(市监竞争发〔2023〕73号),要求以习近平新时代中国特色社会主义思想为指导,全面贯彻落实党的二十大精神,深入开展教育收费自查自纠和重点抽查检查,检验巩固前段治理成果,坚决制止和查处教育乱收费行为,切实解决群众反映强烈的突出问题,减轻群众教育负担,走实走好"教育共富"之路。

第六,票据管理。教育收费管理进一步加强和规范。《关于进一步加强和规范教育收费管理的意见》第13条规定:"财政部门的印(监)制财政票据,应当在学校收取行政事业性收费时使用,资金往来结算票据应当在学校代收时使用。"票据管理是财务治理的基础工作和治理的重要依据。

第七、联防联控。引入数智财务新模式"数智财务综合管理平台",将财务要素与学校业务活动有机结合,如资金预算、费控标准、内控规则等,通过数字化平台实现。针对学校财务管理碎片化、效率低下、数据孤岛等痛点,将财务管理、数据管理和预算管理形成闭环,打破数据孤岛,最终实现"业务财务财政一体化"的目标。实现财务治理"整体性、系统性、协同性"的融合,"借力'浙里报账'打造智治财政,以'数据跑'代替'人工跑',实现学校人员在业务报账过程中'一次都不用跑'。以数字化规范学校财务治理活动,实现全程留痕可追溯,让每一笔财政资金都在阳光下运行,促进廉洁学校建设"。让报销网络化、票据电子化、存档云端化成为目标,实现财务电子档案无纸化,让学校财务治理更具有目标性、方向性和指向性。

四、中小学校财务治理的瓶颈

本次调研是利用2023年暑假时间,成立10余人的调研组,走访浙江省4个县级教育会计结算中心,共计对80多人进行了面对面的访谈,问卷设计了26个问题,包括人员基本情况、专业发展、工作和绩效的满意度和评价等,有300余人参加问卷。调研问卷发现的问题如下。

(一)财会队伍不稳定

人员结构不合理,年龄结构偏大(见图2),信息技术的快速推进和政策的变化大,无法适应新时代的工作环境;专职教师兼任会计工作(图3),同时上课比例大,工作压力大,力不从心;由于职称、晋升和绩效的不公平,在岗财务要求转岗意愿强烈(见图4)。对学校财务的会计信息质量、数据的真实性和合法性造成严重影响。治理不是过程,也不是控制,而是治理过程的不协调,治理过程是制衡和协调的核心点。

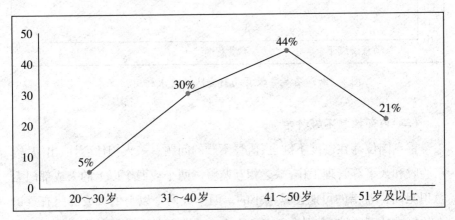

图2　浙江省某县教育局财会队伍年龄构成情况

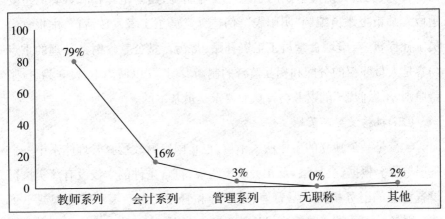

图3　浙江省某县教育局财会队伍专业身份结构情况

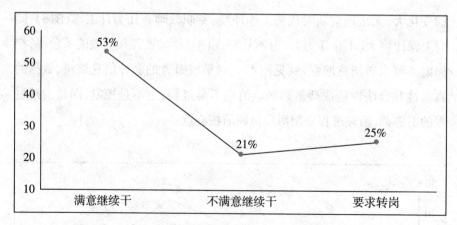

图4　浙江省某县教育局财会队伍要求转岗情况表

(二)内部控制不够科学

重点岗位存在制度不健全、监督不严的问题。一人担任会计、出纳、资产验收和人事等管理工作,缺乏相互监督。两个或两个以上的人或部门无意识犯同样差错的可能性是很小的。两个或两个以上的人或部门有意识合伙舞弊的可能性,会大大低于一个人一个部门的可能性。俗话说,"一人为私,两人为公".内部牵制的思想分权与制衡,是防范差错和舞弊的重要手段。某市报账员编制"阴阳表",伪造食堂员工工资发放清单,虚报食堂员工社保资金,虚增食堂员工工资补贴,贪污食堂公款。财务治理的重点内容是人员职权的分配和相互监督的制衡。树立"以诚为本、操守为重、坚持原则、不做假账"的财务会计从业要求是最基本的。

(三)机构设置不落地

学校是一个独立的事业法人单位,也是国家财政预算管理体系中一个基层单位。根据《会计法》及相关政策法规,符合条件的学校没有落实执行设置独立的财务机构非常普遍,是领导和管理层对政策不够重视或不了解。财务治理的核心是管理机构的设置,有了机构可以对全校的资金进行归口管理,也是对相关机构和人员的财务决策权、财务执行权、财务监督权等进行了界定,厘清和明确权责关系。

（四）自我评价意识不强

内控自我评价是一种应推广、改进的新型管理方式。2014年实施的《行政事业单位内部控制规范》，要求评价单位内部控制执行和设计成效，发布内部控制自我评估报告。中小学校内部控制自我评价现状堪忧，管理者对自我评价的重要性认识不够，不能发现自己的问题，等审计发现决策失误和工作缺陷为时已晚。自我净化、自我完善、自我革新、自我提高认识不足，决定自己不能进行内部的自我评价。

（五）信息化水平不均衡

各地有自己的信息化平台（见表一），标准欠规范。平台多、影响信息不对称，形成信息孤岛。我们调研发现，一个专职财会人员要管理的平台无数，工作中在平台之间相互切换，严重地影响工作效能。还有财会人员主管人事编制、工资单发放编制、政府采购、物资保管等不相容工作，存在非常大的廉政风险。同时，使用的浏览器都还有许多的差异，一个报账员包干学校所有的业务管理，也存在极大的风险。

表1　一个专职财会人员要管理的平台情况统计（部分）

序号	网站名称	网站地址	用途
1	行政事业单位会计核算系统	略	用于日常核算
2	行政事业单位会计核算系统老版	略	用于日常核算
3	行政事业单位金财工程账务系统	略	用于日常核算
4	行政事业单位财政一体化系统	略	用于财政预算编制
5	行政事业单位资产云系统	略	用于日常资产管理
6	教育后勤食堂采购系统	略	用于学校食堂采购和业务结算
7	中央对地方教育转移支付资金管理平台	略	用于统计中央转移经费使用平台
8	财政部部门决算系统	略	财政部年终教据决算申报
9	浙江省统计服务业系统	略	统计局财务数据电报
10	国家税务总局浙江省电子税务局系统	略	用于个税及企业所得税申报
11	中华人民共和国财政部监测平台	略	用于企事业无债务申报

续表

序号	网站名称	网站地址	用途
12	财政部政府财务报告管理系统	略	用于政府财务报告编制
13	全国学生资助信息管理系统	略	用于学生资助信息采集、核查与申报
14	浙江省教师培训平台管理	略	用于教师培训报名平台
15	一站式政府采购云服务平台	略	用于物资采购、设备申报
16	杭州银行网上银行	略	用于业务结算银行
17	中国工商银行网上银行	略	用于业务结算、绩效奖金发放银行
18	自然人电子税务局(扣缴端)	略	用于扣个人所得税
19	浙里报	略	用于报账的App平台
20	教育经费统计系统	略	用于教育经费的统计申报
21	人事工资管理系统	略	用于统发工资申报等

注:使用的浏览器有4个,分别是1E、谷歌、360、火狐。

五、中小学校财务治理的路径

中小学校财务制度是规范和程序,用于指导和规范行为。财务治理是学校各方面力量共同协作,通过制度和政策来解决出现的问题和提高经费效率。中小学校财务制度与财务治理密不可分。

(一)以人为本,培育高素质财务队伍

浙江某县级市教育系统有财务人员242人,其中,专职财务65人,占26.9%;教师兼任财务177人,占比73.1%。财务工作以兼任为主,不利于财务管理和个人专业发展;财务人员更换频繁,不利于稳定财务队伍。这样的现象不是个案,可以说是普遍。但人员的高素质和专业化,是决定会计信息和财务治理质量的基石,应以人为本,培育高素质财务队伍。

1. 以类似"名师"工作室的模式,由科长牵头成立财务学习小组,培育专业型的小专家,抱团取暖,以点带面,开展集体学习,"头雁"领航带动"群雁"齐飞,补上兼职财务老师无时间系统学习业务的短板,推动学校财会人员业务交流,推动财务人员的整体技术水平提升。

2. 俗话说,"干一行爱一行,专一行精一行"。只有真正热爱财务岗位,才能在每天烦琐与每月重复的财务工作中始终保持激情与热情。因此创立良好财务工作氛围十分重要,要以更好的财务底蕴夯实教育财务队伍。通过加强教育财务团队凝聚力,增强团队默契,促进彼此融合,让浓厚的财务氛围互相感染,促进财务人员真正喜欢这个岗位。

3. 通过开展多维度、多层次、具有针对性的培训,构建财务培训机制,形成自上而下的财务培训体系,努力加强财务人员梯队建设,提升区域财务管理水平。一是加大业务知识培训力度,适时开展新系统、新制度、新政策的培训,推动业务知识的更新;二是通过师徒结对、以老带新、传帮带学等方式,加大对新人的培养力度,帮助新财务人员迅速适应岗位;三是推动财务共研互享机制,帮助老同志快速适应信息变化的环境,助力财务治理水平的提高。

4. 关注专业成长的同时,也要做好职业规划,策划职称职务的晋升,打开晋升通道,以绩效的体现,让财务人员有归属感、幸福感。工作实现沟通有温度,做事有力度,反馈有准度。

(二)做好管理就要有健全的内控制度

1. 人员保证是内部控制的底线。"一人为私、二人为公"是防范舞弊的重要手段,在制度上有分权和制衡的内在牵制。财务人员配置合理,坚持积极主动,按章办事,财务治理才能落地。

2. 设计管理流程。设计的目标是通过"业务归口管理、岗位相互制衡"实现"程序合理规范、资金应收尽收"。流程图(见图5)中的两个虚线框分别反映学校各部门以及教育局业务部门和财务部门之间的数据流转,保障内部控制的实现;流程图中的绿色路径反映的是业务数据的流转、黄色路径反映的是资金的流转,厘清业务部门和财务部门的工作边界和归口范围。杭州市某区为了加强课后服务费的收费管理,建立了"收支管理流程图",堵住所有收费漏洞,同时票据的管理也得到加强。

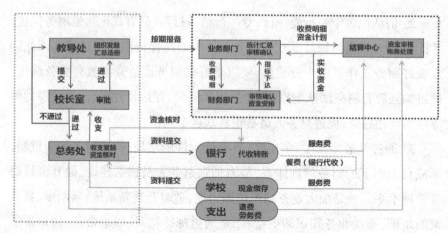

图5 课后服务费收入及费用管理流程图

(流程图制作:莫伟军)

(三)按新制度落实机构设置

《会计法》第36条与新《中小学财务制度》第七条规定,规模大的中小学学校设置财务处(科),增设的内设机构人员和编制从学校总务处中独立出来,专门负责办理学校的财务收支、会计档案、人事劳资、财产物资等管理(见图6)。财务治理的最佳模式是制度化管理,制度流程化管理,流程岗位化管理,岗位责任化管理,表单信息化管理。治理是依制度展开的,按新制

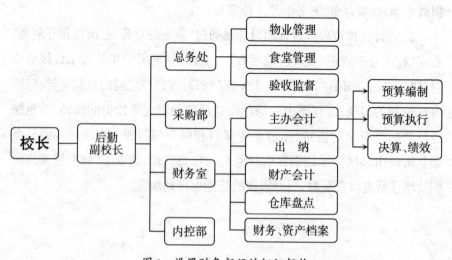

图6 设置财务部门的组织架构

度落实财务科(室)设置势在必行,也是任重而道远。

会计结算(核算)中心组织机构(见图7)。现在各地有会计结算(核算)中心,学校仍是会计和出纳配置,但有的地方是报账员。不管是何种国库集中支付方式,作为管理部门的中心要有科学的组织机构,更好地服务基层学校,让治理更科学,真正实现"统一领导,集中管理",统一决策权,实现问题解决与专业发展同频共振。组建"工研融合""专题+""问题+"指导例会,发现问题、研究问题、解决问题,统一思想和标准,发挥中心"发动机"功能。

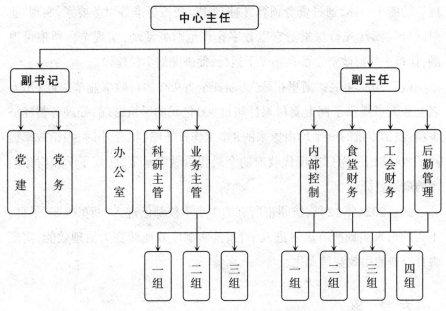

图7 杭州市某结算(核算)中心组织架构

(四)树立自我评价意识

勇于亮剑。以"钉钉子精神"推进学校内部控制建设,以自我评价报告,实现主观治理,着力做好4项工作:一是学校要完善内部控制建设工作规划,增强自我评价意识,加强人才建设。二是学校要加强对内部控制报告数据的分析利用,切实做好学校内部控制建设的分类指导和监督检查,持续做好自我评价的宣传和推动工作。三是引入第三方参与学校内部控

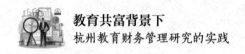
制建设从而来提高自我评价报告水平,积极培育适应学校内部控制自我评价的结果运用,加强学校内部控制理论研究。四是学校及时发现内部控制自我评价中存在的问题,找到解决的方案,规避风险,促进学校管理效率的提升。

改变思维,提高认知。在工作中有一种错误认识,认为预算执行效率等于预算执行率,但预算执行率实际上是预算执行的进度,是花钱的快慢,而不是预算执行的效率,两者是有差异的。

(五)搭建"数智财务管理平台"

"浙里报账"系统集预算管理、合同管理、财务管理、收支管理、采购管理等功能于一体,通过资金预算、内控规则、费控标准等财务要素,实现"业财融合",浙江先行探索。它以数字化规范财务活动,实现全程留痕可追溯,让每一笔财政资金都在阳光下运行,促进廉洁学校建设。

截至2022年底,"浙里报账"为浙江全省95%的行政事业单位近170万名公务人员提供了网上支付累计超过300亿元的手机终端,处理各类经济事项;报销审批时间平均由原来的8个工作日压缩到1个小时,报销效率提高了80%以上,为打造现代政府的全局智治做出示范,实现了学校财务治理的最终目标。

截至2023年12月,杭州市所有的中小学校都已进入"浙里报账"平台,不久的未来实现所有场景进入平台,落实制度效能转变为治理效能,实现教育经费使用效益最大化。

六、结　语

学校开展财务治理是深化教育改革的必然要求,既要保证决策权、执行权、监督权三者之间相互制约、相互协调,又要保证学校的财务管理高效。财务治理是一项艰巨的系统工程,校长要提高思想认识,牢固树立依法治校理念,用好决策权,规范业务流程,加大治理力度,变被动治理为主动治理,要加强管理,强化管理,在预算、采购等方面多谋划,遵守业务流程,做到把每一分钱用在刀刃上,把有限的资金执行权落实到学校业务部门手中;财会部门利用财经法规和信息化的优势,行使好对各部门经济责任的监督权,按照"谁决策、谁负责"的原则,落实好、监督好各部门的经济责任。总之,财政部门与主管部门、学校通力合作,为学校财务治理营造良好的内外部政策环境,共同为推进学校财务治理现代化,推动"美好教育"迈向新阶段,走好走实教育"共富"之路而共同努力。

(参考文献略)

(本文获得中国教育会计学会2024年学术年会征文大赛优秀奖。收入本书时有修改)

(原载于教育部主办《教育财会研究》杂志2024年第3期总第200期)

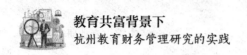
基于"浙里报"信息化管理的
学校财会监督实践与探索

郭建平　何　洁

一、背景与目标

为贯彻落实《国务院关于加强数字政府建设的指导意见》(国发〔2022〕14号)精神,浙江省以数字化改革助力政府职能转变,不断提升政府治理体系和治理能力现代化水平,坚持以数字化改革为指引,坚持改革创新、数据赋能、整体协同、安全可控,坚持顶层设计、迭代升级等路径,发挥数字政府建设的先发优势,运用数字技术,推动公共服务普惠便利化、政府管理透明公平化、政府治理精准高效化、政府决策科学智能化,聚力打造浙江数字变革高地。

浙江省财政厅聚焦行政事业单位财务管理的重大需求,以构建整体智治财政为根本目标,以"浙里报"建设为改革突破口,贯通业务活动全流程,打通财政治理和财务管理的全链条,重塑财政治理体制机制。

"浙里报"是全国财政系统首创打造的数智财务综合管理应用,是浙江省数字化改革总体部署的重要组成部分。它以"浙政钉"为载体,以"无纸化报销"为小切口,串联起业务活动全流程,推进财务和财政深度融合的支付链条。"浙里报"包含PC端和移动端,具有事前审批、财务报销、预算管理、支付结算、票据管理、电子归档、收支监测等功能。公务出行人员通过"浙里报"预订火车票、机票、酒店等,线上办理出行申请、审批和报销手续,实现公务活动"说走就走"。系统内嵌住宿费、交通费、杂费补助、出差伙食费等费用标准、政策文件和相关会计制度,提高报销效率,极大地减轻财务人员审核负担,保证了政策执行的唯一性。

教育经费投入持续增长的杭州市中小学校,业务和经济活动日益复杂。为落实数字化改革方案,杭州市教育局积极参加"浙里报"试点,加强学校财会监督,执行厉行节约"过紧日子",保障教育资金安全,提高教育经费绩效,为学校财会监督提供新的探索路径。

一是预算控制。费用申请前自动提示是否超预算,领导不再"盲批",财务人员可进行预算控制。二是过程高效。平台以"浙政钉"微应用为入口,单位员工随时申请、报销,便捷管理差旅等报销任务,缩短报销审批周期。三是流程规范。预算单位主管人员在费用报销产生前后,实时掌握财务状况,监督预算执行情况,加强报销流程控制和规范。四是信息真实。通过平台预订酒店、交通票据等,信息流如实记录,电子发票自动校验,确保费用发生真实合规,杜绝重复报销。五是耗能降低。电子发票无须纸质打印,发票凭证等自动进行数字化归档,实现电子会计凭证"云端"存储,降低预算单位管理凭证、独立存储、纸张耗材成本。

二、现状与问题

(一)当前学校财会监督的现状

当前学校财会监督体系不完善,工作机制没理顺,信息化水平不高,监督能力和水平不够,主要表现如下。

1. 财务队伍的不健全。方连更《中小学财会人员转型的现实困境与对策》问卷显示,杭州地区近65.22%是教师兼任财务工作,淳安县95%教师兼任财务工作,严重地影响财务工作的质量,主副工作矛盾增加学校的财务风险。《会计法》第38条规定,从事会计工作需要具备专业能力的会计人员。具有会计师以上专业技术职务任职资格或从事会计工作三年以上经历的单位会计机构负责人(会计主管人员)。调研显示,杭州市区财务队伍稍好点55.34%,但离《会计法》的规定仍有很大的差距(见表1)。

表1　所在区县(X)与职称系列交叉分析(Y)

X/Y	教师职称	会计职称	其他	小计
淳安县	76(95%)	3(3.75%)	1(1.25%)	80
建德市	54(96.43%)	1(1.70%)	1(1.78%)	56
桐庐县	50(80.65%)	10(16.13%)	2(3.22%)	62
杭州市、区	285(55.34%)	169(32.82%)	61(11.84%)	515
杭州市、区(县)	465(65.22%)	183(25.67%)	65(9.11%)	713

2. 制度的落实不到位,资金管控不强,数据共享不足,监督管理协同不够,内部控制不够完善,学校财务活动的不规范和流程不实,违规行为时有发生,形成财会监督的空白区。

3. 预算的编制、审核、执行和监督等环节独立,形成信息孤岛,财务管理长期存在效率低、风险大、监管难等痛点。管理中没有充分发挥绩效评价的"利剑"作用,"花钱必问效,无效必问责"的制度无法落地。

4. 组织架构不合理。部门的设置和职责权限缺乏顶层设计,没有建立健全决策、执行和监督相互分离、议事决策、岗位责任等制衡机制,特别是财务、资产、审计等综合管理监督的关键部门和关键岗位设置不健全,权责分配不明确、不合理,导致机构重叠、职能交叉或缺失、推诿扯皮,管理效率低下,无法有序开展工作。

(二)典型问题

1. 业财融合水平不够。财务人员对业务不熟悉,政策法规把控能力欠缺,对虚假的业务不能识别,事后财务分析能力不足,假发票,甚至还有财务人员亲自参与业务的舞弊。

2. 财务信息化不均衡。各地自行开发财务信息化管理平台,造成资金的浪费,没有提高资金使用效益。没有资金的地区与银行或企业联合开发,形成事后的信息泄漏和资产产权不明等问题。

3. 由于财务工作专业性和独立性,财务人员的专业素质不同,财务管理和内控监督不力,对同一个政策的理解会出现偏差。如内控规则、经费预算、费控标准等财务要素与学校业务活动的偏差,严重影响财政资金的安全。

以上分析表明,迫切需要建立统一、共享、协同的信息化管理平台。财会监督要聚焦"过紧日子",开展公用经费和项目的绩效管理,以审核促进电子政务提质增效,依托资产共享云,推进国有资产更智能,监督更高效,风险更可控。

浙江省财政厅大胆创新,聚焦审批零跑腿、办票零重伪、报销零材料、费控零人工、支付零录入"五个零"目标,加速推进全省"浙里报"无纸化改革,为优化制度提供支持。

三、实践与探索

(一)实践的路径

浙江省本级于2021年8月试点运行,首期推出公务出行、会议活动、学习培训、公务招待和一般事项等场景,第二阶段办公用品购置、通用采购、工资发放、批量发放、办公设备家具购置、政府采购服务、公共事业缴费等,形成从申请到支付的全链条电子功能,取得阶段性成果。"浙里报"是预算—申请—审批—执行—报销—支付—核算—归档,形成管理闭环,以"浙政钉"为入场口,通过预算管理一体化平台,实现浙里办票、核算云、资产云、政采云、商旅平台、12306等平台所有业务纳入进行数据管理,融合"公务出行、公务招待、会议活动、学习培训、办公用品、工资发放、政府采购和一般报销"等场景实现"业务财务财政一体化",最终完成电子档案,实现财务的无纸化管理。

为了使同行有更直观的认识,以差旅费为例加以说明。员工首先是"浙政钉"组织中的成员,第一次登录要绑定银行"公务卡",完成初始就可正常使用系统,网页版、浙政钉端和App端三种方式进入平台。出差前登录"浙里报",打开"创建公务出行申请单",上传出差的文件或证明材料,相关领导审批后方能出差;出差完打开"创建公务出行报销单",链接"申请单"(无申请单是无法报销差旅费),上传或者平台获取住宿费、高铁票或机票等,场景会自动计算出补贴和金额,费用超标或已报发票系统自动触发警报,发票直接验真,不用担心真伪和重复报销。出差人选择财务和部门

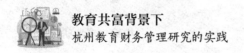
分管领导,完成后提交,财务人员下达预算指标,完成审批流程的同时短信自动发出提醒。完成后出差人打印申请单和报销单及所有原件票据(目前需要纸制,远期就不用,实现无纸化管理)交给出纳,出纳直接报销支付。整个流程透明,预警嵌入"实时管",移动端方便财务领导和业务报销人不用线下见面审批,达到"实时签"的高效审批程序,系统中有业务预警、流程预警和效能预警,附件真实合法,有效降低财务风险,破解虚假和重复报销业务,充分地发挥财会监督的效能,协同融合管理,实现不用跑一次的共享多跨协同模式。

2022年2月,杭州市财政局按照省厅的部署,启动《关于推行"浙里报"试点的工作方案》,杭州市教育局直属学校浙江省第二中学成为第一批试点单位。在杭州市财政局"浙里报"平台工作小组指导下,学校顺利地使用平台系统,经过6个月的试运行,也取得非常好的成效。2022年9月,杭州市教育局直属学校和单位全面推开,按市财政局要求100%的学校进入"浙里报"系统,真正实现学校财务数字化管理。截至2023年底,杭州市活跃单位数1950家,报销总金额706.5亿元,报销单总量78万笔,市本级平台推广应用单位数378家,均位居全省第一,杭州市的财会监督迈入一个新纪元。

(二)实践的好处

浙江省做"浙里报",是为了贯彻中央要求,体现浙江特色,构建整体智治,通过内控规则、费控标准、经费预算等财务要素与单位业务活动的有机结合,按照"系统性、整体性、协同性"要求促进系统间融合,打破数据孤岛,形成管理闭环,最终实现"业务财务财政一体化"。系统重塑财会监督体系,提高财会监督的严肃性、震慑力。"浙里报"的实践体现绿色、环保和高效的公务报销流程,优化财务管理,提升工作效率,同时加强廉政建设,推进数字转型,为公务人员提供更加便捷、高效的服务。节约了大量的开发资金,避免了多头开发浪费财政资金,集中力量办大事,从实践过程中有以下好处。

1. "浙里报"平台实现数字化管理,提高财会监督的效率和准确性。彻底改变传统报销的模式,改变手工填写、上门审批、发票风险、手工贴票、纸质签名和规则不明等人为干扰,从源头杜绝重复和虚假业务,发票自动验真,附件合同的电子化,确保资金的安全,严守底线,敬畏红线,有效遏制不合理的违规行为,推进预算改革,实现流程留痕机制,解决了碎片化、效率低和管控难等问题,为建立完整的财务治理生态环境发挥了积极作用。

2. 通过实时监控和预警功能,变"事后监督"为"事前预警"和"事中监测",有效降低财务风险,明确财权配置——领导的决策权、业务的执行权、财务监督权,厘清各相关部门和人员的权责利。

3. 强化部门间的信息共享与沟通,提升协同工作的能力;真正实现信息共享,通过云存储代替原有纸质资料,减少社会资源耗费,实现"双碳"目标,即无纸化和人员出行、物流运输等减少碳排放,推动节能降碳,发挥会计档案在信息管理中的监督作用。流程和制度优化,改变事前、事中和事后的监督,数据反哺决策,提升财务管理质量,打造"风清气正"和"决策分析"的财会新生态。

4. 解放业务经手人、财务分管领导审批流程的时间。为事后的审计信息化管理提供支撑和保证,全力落实构建具有"浙江特色"的财会监督新模式。

"浙里报"真正实现从核算到管理,撬动财务管理变革;从纸质到云端,撬动档案管理变革;从单向到闭环,撬动财政治理变革;从分散到融合,撬动监管模式变革。彻底改变传统报销的时间漫长,手工申请、人工签名,审批烦琐等痛点。打通财务管理、财政管理、数据管理的全链条,加速智治管理的现代化进程,重塑财政数字化治理机制,实现教育财务数字管理的蝶变,为教育高质量发展发挥重大的作用。

(三)存在的不足

1. 推进中部分学校对"浙里报"平台认识不够。老师教学工作繁忙,出于焦虑、恐惧心理,不愿意学习、接受新生事物,在上传附件、数据填写出现不规范,导致财务人员要花大量时间面授指导;使用平台的学校只是在公务出行、学习培训和公务招待等个别场景进行核算,对复杂的场景还没有进入平台,存在畏难、抵触和抗拒心结。

2. 平台功能有待进一步完善。嵌入审计监督、合同管理、绩效评价等接口,以满足多样化的财会监督需求,实现会计核算系统、其他支付和"浙

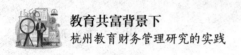

里报"的融合。

3. 培训与推广工作需进一步加强。提高平台的普及率和应用水平,操作人员使用平台中的教程帮助不主动和效率低,有问题过度依赖咨询群专管员,学习方法不高效和不迭代。

4. 加速实现会计档案无纸化进程。目前是线下纸制和线上无纸并行操作,增加财务人员工作负担,人机不友好。

(四)问题的解决

针对存在的问题和不足,提出以下建议。

1. 统一规划,共享共用。加强宣传与培训工作,提高学校对"浙里报"平台的重视程度和使用能力;管理者要积极地开展攻坚行动,强化监管自律,着力打造最优财会生态环境。顶层完善平台功能,拓展其在预算管理、内部控制等方面的应用;利用上年的数据在线科学预算,精准预算,让基层单位形成对"浙里报"的依恋心态,实现一地创新,全省共享。

2. 制度先行,先行先试。加强与其他管理系统的整合,实现信息共享和业务协同。如,其他支付整合一体,真正实现所有的业务一体化管理,防范财务风险,发挥财会监督"纠偏力",使财经纪律真正成为带电的"高压线"。

3. 绿色环保,节能降碳。理顺会计档案管理的归档进程,加快财务数据传递反馈,尽早实现会计档案的云端存储,真正落实无纸化管理,降低碳排放,确保数据安全,贡献出财会力量。

4. 坚持准则,守责敬业。所有的业务经办人、财会人员均不能提供虚假的业务和凭证,特别是业务的真实性,确保财务信息的合法和合规,经得起检查,坚持"强穿透,堵漏洞",明白"阳光是最好的防腐剂",让有限的教育经费发挥最大的绩效。

四、经验和启迪

(一)高站位谋新篇

基层财政是国家财政的基石,是财政管理中的"最后一公里",浙江深化"过紧日子"和推动"财会监督"的要求,完善管理流程,落实《国务院关于加强数字政府建设的指导意见》和《浙江省财政"十四五"规划》,践行"八八战略",

集中力量办大事,探索以数字改革为牵引,联动数智监督赋能基层治理。

为了让应用更好满足各地需求,省财政厅成立应用专班,召开专项推进会,会上专班成员将收到从各地需求中梳理出的一份待落实清单,让大家面对面对照梳理。在实践中压实"浙里报"培训、推广和全面应用,筑牢基层治理"最后一公里",确保每一分财政资金都用在刀刃上,构筑新模式展现新作为。

（二）多维度全周期

"浙里报"作为杭州地区学校财会监督的新实践与探索,具有数字化管理、实时监控预警等优势。学校利用"浙里报"平台信息,发现问题,分析研判,执行事前、事中和事后的全流程的监督,未来进一步优化"浙里报"平台的功能和推广应用,提高学校财会监督的效率和准确性。同时,通过数据分析对全省各级相关单位收支全貌进行精准画像,为财政预算执行提供指导,也为保障教育资金的安全和合理使用作出更大的贡献。平台多维度督促建章立制,不断探索和创新学校财会监督的方式和方法,全周期管理推动教育高质量发展。

（三）强监督实运用

为适应新形势下教育经费的统计,合理利用"浙里报"平台的各类"云功能"来提高会计凭证数据获取、使用、汇总,以财务凭证基础信息数据为出发点,向审核领导层延伸,逐步实现财务数据管理层可调阅、业务部门可自查、财务部门可汇总、档案部门可存档的财务档案共享管理模式。利用云存档的留痕功能,获取历史记录数据,实现财务数据的云端共享机制,做实监督"后半篇文章",让平台数据优势转化为监督治理效能,以监督助推学校财政之治新高度。

（四）扬经验树品牌

万丈高楼平地起。"浙里报"平台强数据赋能,逐步提升财政整体智治效能。积极推进省市共建创新项目——智治管理平台,以"浙里报"为基座,以数据为工具,以预警为手段,实现财政管理可视化、数据分析常态化、业务督办链路化和任务下达线上化,通过数据治理促进制度改革,进一步提升预算单位财务管理水平和财政整体智治水平。

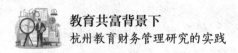

　　我们要努力以"浙里报"为抓手,让数字科技璀璨赋能,学校财会监督管理现代化,财务管理数字化,将财政治理的触角延伸到经济业务的"神经末梢",提高财务管理的效率和透明度。通过贯通政府经济活动全流程,破解行政事业单位财务管理碎片化效率低等痛点,真正让"浙里报"成为全国标志性的"浙江经验"和"浙江智慧"。

（参考文献略）

（原载于国家教育行政学院《中小学校长》杂志2024年第5期总第313期,收入本书时有修改）

杭州市教育局组织全市直属学校(单位)主办会计和出纳人员"浙里报"培训

巡察视角下的学校党费财务规范化管理研究

郭建平

党费是党员向党组织缴纳用于党的事业和党的活动的经费。它不仅可以为党组织提供活动经费,给党组织以经济上帮助,更重要的是党员增强党组织观念。在巡察工作中发现党费财务管理存在一些问题,应引起我们的思考。

一直以来,主管部门对学校财务审计非常重视,有法人离任审计、任中审计、经济责任审计、专项审计、食堂审计、工会审计等,但对党费的专项检查或审计是个空白。党风巡察对是否规范填写《党费收缴记录簿》,是否及时足额上缴党费,是否存在截留、挪用、隐瞒党费,党费财务管理制度是否健全,是否确定专人管理党费等财务管理情况进行检查,从检查的情况看,总体情况还好,但结合中组部2008年第3号《关于中国共产党党费收缴、使用和管理的规定》和组通字〔2016〕33号《中共中央组织部关于党费收缴工作专项检查中清理收缴的党费使用有关问题的通知》,仍有一些方面做得不够规范。

一、学校党费财务管理的现状

1. 党费制度方面

检查发现,学校党费财务管理没有制订相关管理办法,没有根据《关于中国共产党党费收缴、使用和管理的规定》等制订和学校党费管理相关的收缴、支出报销等制度。有规定的,在操作中只是参考执行,没有落到实处。

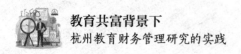

2. 党费收缴方面

(1)根据规定,党员工资收入发生变化后,应按新工资标准领取工资的当月起,以新的工资收入为基数,按照规定比例交纳党费。在实际工作中,党费的变更不及时时有发生。

(2)根据规定,党组织应当按照规定收缴党员党费,不得垫交或扣缴党员党费,实际工作中由于经办人员工作头绪多,为了及时将党费上交上级组织,先垫交,事后再向学校党员收取现象较为普遍。

(3)根据杭州市财政局预算要求,每个共产党员每年有780元活动经费预算安排。有的学校没有按财政党费规定制度进行支出,活动经费预算执行率低时有发生。

3. 党费使用方面

(1)使用党费应当坚持统筹安排、量入为出、收支平衡、略有结余的原则。从账面看,学校普遍结余较多,经费使用执行率低。

(2)党费的收取主要是作为党员教育经费的补充,具体使用范围:①培训党员;②订阅或购买用于开展党员教育的报刊、资料、音像制品和设备;③表彰先进基层党组织、优秀共产党员和优秀党务工作者;④补助生活困难的党员等。在支出中,图书资料占比大,请进来、走出去的培训费偏少,对党员的表彰更少,全年支出没有年度预算。

(3)支出报销票据,没有执行财务管理的要求,缺少经手人、验收人和书记审核等手续,存在非常大的财务风险。

4. 党费管理方面

(1)党费的具体财务工作必须指定专人负责,实行会计、出纳分工管理。党费会计核算和会计档案管理,参照财政部制定的《政府会计制度》执行。在实际工作中,党费的收缴主要是支委委员或办公室主任登记流水,会计核算基本是空白,没有会计、出纳分工更是常态,相关内部控制和岗位分工责任制度没有执行到位。

(2)党费应当以党委或党委组织部门的名义单独设立银行账户。但在实际操作中开户率不高,有开户的学校记账不规范,存在个人存折保管党费情况和挂在学校行政往来账上进行管理,滚存金额大。

(3)党费管理工作人员,必须先培训,后上岗。党费管理工作人员变动时,没有按照党费管理的有关规定和财务制度办好交接手续,党费财务档案处于失控状态。

(4)党费收缴、使用和管理的情况要作为党务公开的一项重要内容。党委应当每年向党员公布一次党费收缴情况。在调查中发现,缺少公开制度,即便有公开,也是在改选工作之时口头公开。

(5)按规定,上级组织相关人员每年要检查一次党费收缴、使用和管理的情况,总结经验,发现问题,及时纠正。在党风巡察中发现,这项检查工作没有常态化、制度化。

二、学校党费财务管理问题的成因

1. 书记责任意识不强;党费管理人员法规意识淡薄,责任感不强,在缺少专业知识的情况下,不能及时向学校的专业会计请教,导致党费计算不能及时调整、经费结余多和垫交现象发生。

2. 管理形同虚设。书记对重点岗位监管不严,缺少财务风险意识,所有的党费全部由一个人经办。内控意识薄弱,没有会计、出纳的分工岗位。内部控制不健全、不完善,制度实施不到位,存在财务风险。

3. 分管书记责任意识淡薄,经费管理水平不足,法规意识不强,导致账户没有及时开设,没有专业技能的人员管理党费,让党费处于无管理高风险状态。

4. 学校自身建设中缺少管理意识,信息不透明、不公开,上级组织部门没能落实对照相关规定进行党费检查工作,没建立党费财务管理风险防范举措等。

三、探索学校党费财务管理新举措

检查中发现,党费财务管理制度的基础薄弱,党费财务审计和监督薄弱,缺乏防范风险意识观念,因此创新党费财务管理新举措尤其重要。

(一)观念创新。(1)增强法律意识,严格执行财务规则和会计制度,用法规来规范财务管理。要提高思想认识,强化责任意识和专业水平,书记

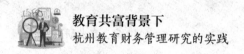

充分重视财务管理工作。(2)树立财务风险意识,书记和班组要根据学校的实际情况建立风险预警机制,有效控制可能出现的风险,有条件的可以进行党费管理风险评估。(3)充分调动学校财务人员参与党费的财务管理的积极性,打造一支综合素质过硬、专业技术够强的党费财务管理队伍。

(二)建立健全配套制度,规范支出审批程序,完善内外监督制度,保证党费会计工作质量。根据预算法要求按年度编制计划,完善党费预算管理,探索党费预算管理,实现财务管理目标创新。

(三)加强财务审核监督,坚持厉行节约、反对浪费的原则。结合党建工作要求和学校工作实际,统筹使用党费,对会计业务实施全过程监督,遏制财务收支中违纪、违规行为的发生,严格支出管理,对财务管理内容全面创新。

(四)提高党费财务人员的素质,增强他们的职业判断能力和努力钻研业务能力,以全新的思路和方法处理工作中的新情况、新问题。做到全方位、全过程、全员学习管理办法,完善党费财务管理,加强内部控制,树立现代财务管理理念。

(五)强化巡察整改,建立长效机制。正视查出的问题,按六大纪律标准逐条进行整改,党委负责人切实履行管党治党第一责任,对整改的内容、完成时限、责任落实在全校公示,接受广大干部群众的监督。

(六)推进党费信息公开工作。2017年12月20日起施行的《中国共产党党务公开条例(试行)》,加强对权力运行的制约和监督,让人民监督权力,让权力在阳光下运行。财行〔2017〕324号第二十条规定,各单位应当将党建活动经费开支情况以适当方式公开。"阳光是最好的防腐剂。"党费是依照党的法规取得的,受国家法律保护,所以党费的使用也应该接受监督,接受党组织内部监督、上级的监督、会员职工的监督以及社会各界的监督。通过推进信息公开,把党费所有的经费使用列在明处,不断提高党费财务管理水平。

四、结　语

综上所述,学校党费的财务管理,不仅是党费工作人员的工作,更是分管书记工作的重中之重,要把按规定收缴党费作为党组织必须履行的职责,发挥党费工作的教育功能和政治功能,使收缴党费的过程成为党员增强党性观念、严守组织纪律的过程。学校党费财务管理方面仍有很长的路要走,书记、支委委员和学校财会部门人员之间相互合作,用制度管事,用制度管权,用制度管人,相互协调,创新思路,开拓进取,形成科学的运行机制,以巡察为契机,产生一次巡察,持续整改,长期受益的效果。严格遵守中央八项规定实施细则及贯彻落实办法,使党费财务管理走向规范化。

（参考文献略）

（原载于广州日报社《大东方》杂志2019年第2期,收入本书时有修改）

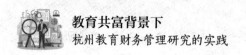

治理视角下的工会经济责任审计研究

郭建平　童莉亚　王连刚

一、经审的内涵

治理体系中审计是重要的基石。党的十八大报告指出:"推进权力运行公开化、规范化,完善党务公开、政务公开、司法公开和各领域办事公开制度,健全质询、问责、经济责任审计、引咎辞职、罢免等制度,加强党内监督、民主监督、法律监督、舆论监督,让人民监督权力,让权力在阳光下运行。"

长期以来,工会主席的任中经济责任审计或离任审计偏重账面财务收支方面,对财务收支业务决策程序合理性等缺乏审计分析和评价,关注更多的是收支票据和附件的真实性和合法性,领导决策的管理过程,如集体讨论、可行性分析,特别是财务的决策权、财务的执行权和财务的监督权管理等,从而无法实现科学评价,不能如实反映工会的工作实绩。

治理是从财务管理到财务治理,一字之差体现的是系统治理、依法治理、源头治理和综合施策。工会经审的问题屡查屡犯,是工会经审没有在源头施策。财务治理是保障工会事业发展的基础条件,是支持工会财务管理制度、预算管理、收支管理、资产负债、财务监督等各项财务活动,提高资源配置效率和资金使用效益的重要支撑。

财务管理是处理财务活动,财务治理是处理财务关系。经审委员了解了二者的内在关系,才会更好地运用工会的政策法规进行经审工作。

工会经审委员会是工会的子系统。工会经审委员,要把审计监督与其他监督衔接好、组织好,形成监督合力,把问题查准、查深、查透,发挥经审"治已病""防未病"作用。

二、经审的重要性

治理视角下的工会经责审计是通过对工会主席在任职期间履行经济责任的情况进行审计,对其财务状况的真实合法性、经济责任目标完成情况、重大经济决策执行情况、财经法规执行情况和个人廉洁状况等进行结论性评价。

《中国工会审计条例》2011 年 4 月发布实施以来,在强化工会审计工作、规范工会审计行为、提升工会审计质量、提高工会经费使用效益、维护工会资产安全、推进工会党风廉政建设等发挥重要作用。党的十八大以来,新时代赋予工会审计工作新的任务,《中华人民共和国工会法》《中华人民共和国审计法》《中国工会章程》都作了修订,工会改革创新持续深化,工会审计环境、审计对象、审计理念、审计内容、审计手段、审计方法等发生了新的变化,工会审计工作面临着新形势、新任务。原有的《规定》已不能完全适应形势的发展和需要,亟须对原《条例》进行修改完善。

近年来,工会获得更多的资源,工会资产总量不断增加,经费收入大幅提高。政府加大了专项资金的拨付力度,也要求工会自身要加强监督,工会经审组织通过审计,收好、管好、用好工会经费,以"五化"建设赋能工会资产提质增效。修订的《中国工会审计条例》赋予工会经审委员会更高、更多的职责,不仅在财务收支、内部控制、风险管理、资产管理等全部经济活动实施独立、客观的监督和评价,还要在财务决策权、财务执行权和财务监督权上进行工会经责审计时有所作为。审计的"尚方宝剑"是党中央授予的,必须对党负责,当好党之利器,国之利器。

三、经审实施策略

(一)明确治理的方向

1. 明确治理内容。原来进行的财务审计,没有对财务的监督权、执行权和监督权进行相关的监督和检查。财务管理是处理财务活动,财务治理是处理财务关系。根据这二者的关系,在审计中要对业务的真实性、合法性审计监督,一是关注工会主席在重大决策中的行为,决策是否科学、有效

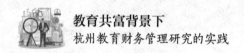
率和效果,是否达到预期的经济效益和社会效益;二是审计其任职期间是否按预算执行收支,经费是否产生绩效,会员是否有获得感和幸福感。三是工会资产的保值增值效果,维护工会经费的安全与完整。四是治理层、管理层与其他人员是否按内部控制执行,因为内部控制的健全性和有效性反映工会主席的内控能力,充分体现其管理水平。五是工会经审委员会要做好"服务化、品牌化、体系化、创新化、数字化"的文章,不断增强管理思维、治理思维和提高认知,尽快成为"财务治理"的行家里手。

2. 规范程序要素。经责审计是有一套完整的程序,在原有程序中要嵌入治理的要素,如优化财权配置、实施预算绩效管理、加强内部控制和推进财务数字化治理,以达到有效的财务治理,提高财务治理水平,实现工会内部治理水平的目标,在广阔的空间为工会资产增值,让每位会员充分享受到工会的贴心、暖心服务,共享财务治理建设成果。

3. 防范财务风险。《中共中央关于全面深化改革若干重大问题的决定》提出,强化权力运行制约和监督体系,坚持用制度管权管事管人,让人民监督权力,让权力在阳光下运行,是把权力关进制度笼子的根本之策。因此,加强和改进工会对主席行使权力的制约和监督,加强行政监察和审计监督;健全严格的财务预算、核准和审计制度,着力控制"三公"经费支出;对工会主席实行离任审计,防范类似生日蛋糕券预付款的财务风险,一是提高风险的认识;二是加强风险的组织领导;三是做好风险的预警管理。让财务治理实现广大会员都能看得见、找得着、用得上工会这个和美家园。

(二)确定治理的方案

1. 建立重大经济决策。决策是权力的体现。工会主席在工会决策过程中往往起着关键作用,"一把手"在决策中起到决定性的作用。决策是否科学反映出领导的知识水平、决策能力、民主意识和对事物的洞察力、预见性、客观性和公正性。如:疗休养活动、节日慰问品和生日蛋糕券等采购,大额资金的支付可行性分析、集体讨论决策等,重大支出程序的合理性和结果的科学性,是治理中的关键。

2. 架构绩效指标体系。经责审计评价指标是经责审计评价工作的载体,评价不是实施工作的某方面,而是全过程。结合工会工作的特点,指标体系可从内部控制制度健全和落实执行、三重一大决策、业务活动真实性和合法性、国有资产完整性、主席的个人廉政情况等指标来架构。

3. 强化预算管理执行。治理"想到哪干到哪,干到哪花到哪"的顽疾。2019年修订的《基层工会预算管理办法》第四条规定,基层工会应当根据统筹兼顾、勤俭节约、量力而行、讲求绩效和收支平衡的原则,统筹组织各项收入,合理安排各项支出,科学编制年度收支预算。一些工会主席对预算管理不重视,出现预算与执行"二张皮"现象,超预算支出、无预算支出,为规范工会收支行为,加强工会预算管理和监督,保障工会健康发展和职能有效发挥,不断提高工会经费的使用效益,工会主席要加强本工会的预算编制,通过集体讨论,征求会员意见,按照工作计划和财务管理要求,决策好工会的预算,推进收支管理规范化,完成主责主业。

(三)加强队伍的建设

1. 队伍的建立。配备专业素质高的经审员,转变思维模式,培养经审员更宏观的视野,有大局意识,用创新思维考虑财务治理,不断地学习新知识,了解新政策,提高业务能力,从而通过运用所学专业来判断和分析数据,做出正确的评价。不断提高财务治理水平,为工会治理体系和治理能力现代化提供支撑和重要保障。

2. 知识的储备。审计评价不要超越其权限范围,遵循重要性原则,评价突出重点,做到审计未涉及的具体事项不评价,证据不足的不评价,责任不清的不评价,依据不明的不评价。审计人员要在评价过程中守住"客观公正原则、实事求是原则、谨慎性原则、重要性原则"。要实现这些目标就必须做好知识的储备。

3. 专业的发展。财务管理是过程,财务治理是目标,保证每个主席任职期间的评价要客观、准确、具体。审计是为促进工会主席树立科学发展观和正确的政绩观,依法管理并提高管理能力,提高风险应对和财务决策能力。经审委员要乐于学习、勤于学习,以学促干,擦亮新时代奋斗的底色,努力当好"服务员、宣传员、监督员",以专业的报告来推动审计监督权威高效。

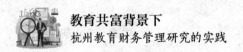
四、结　语

近年来,党和国家把更多的资源、手段赋予工会,工会资产不断增加,工会经费收缴不断增长。在工会自身加强监督同时,工会经审组织要通过审计推动收好、管好、用好工会经费,监督好工会资产管理和全部经济活动,促进工会经费使用效能最大化,促进工会系统的党风廉政建设。

(参考文献略)

学校食堂会计集中核算改革的实践和思考

——基于萧山区教育局会计结算中心视角

莫伟军　张建钢　董淑英

2023年7月底，在"民生问题不仅仅是经济问题、社会问题，更是政治问题"的背景下，杭州市萧山区教育局为深入推进学校"美好食堂"建设，决定自2023年9月1日起，全区公办义务段学校和幼儿园食堂的经济业务由局会计结算中心实施会计集中核算。围绕改革目标，在"行政部门优化政策、会计部门深耕业务、主体学校自觉行动"的改革联动中，区教育局会计结算中心以"三个阶段、三维标准、三项策略"为主线，经历了一个月的"美食"历程。

一、实施改革的三个阶段

从领导决策部署开始到会计集中核算实现的过程中，我们会计结算中心主要经历了标准完善、资源保障和会计交接等三个阶段（具体见图1）。

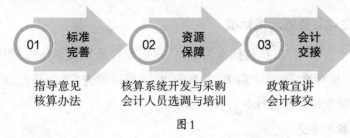

图1

（一）标准完善

8月初，我们开展了面向全区各级各类学校食堂会计业务的工作调研。通过调研，我们发现目前食堂会计核算工作存在业务标准不系统、核

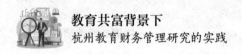

算方法不统一、会计结账不及时等问题。因此,改革初期的工作除明确单项性的如会计业务交接等工作要求之外,主要聚焦于食堂会计业务"三维标准"即《指导意见》《核算办法》和《会计建议》的研讨和制订。这是本次改革的核心要素和主要基础。

(二)资源保障

主要包括核算系统的开发以及人力资源的培训。核算系统开发主要集中于核算系统中会计科目、核算辅助项等内容与《核算办法》的配套。人力资源培训以会计人员和学校食堂报账员为主要对象,以系统操作、会计核算和业务结报的方法,以及会计业务交接的要求等为主要内容。

(三)会计交接

为顺利完成会计业务交接工作,我们强化前期指导,关注重点工作。要求新任主管会计指导学校做好"完成会计核算、进行账户清理、办好支付权限、做好资料整理"等前期工作,并对《会计移交清册》以及相关资料在正式交接前进行预审。同时,协调财政、银行等部门明确网银复核盾变更、银行印签预留等业务工作的要求和流程;通过会计工作底稿等具体技术实现新旧核算系统中会计科目明细、核算辅助项等内容的衔接和统一。

另外,将会计交接作为食堂经济业务历史存量问题解决的过程。对会计报表数据不准确、菜卡发行余额与卡机数据不一致、预收伙食费科目随意调账、往来款明细不清等问题,提出整改要求和会计建议,指导主体学校找到症结、及时处置。

二、会计业务的三维标准

会计业务必须"以执行标准为始终"。《指导意见》《核算办法》和《会议建议》等三维标准,既承上启下、各有侧重,又层层推进、互为补充,建立起较为完整的学校食堂会计业务标准体系。

(一)指导意见

2023年8月9日,本次改革宏观层面的指导意见通过《关于学校食堂经济业务实施会计集中核算的通知》(萧教计〔2023〕46号)发布。其核心内容主要包括:

1. 基本原则。改革之后,纳入集中核算范围的学校食堂经济业务坚持"一集中、二次审、三不变、四统一"。其中,"四统一"指的是核算系统统一、结算标准统一、收支方式统一、会计管理统一。

2. 改革内容。会计集中核算的核心内容,在管理层面可以概括为"经济业务集中核算、会计人员集中管理";在业务层面可以概括为"资金先审后付、主体'用''算'分离"。"先审后付"指的是"食堂的资金支付统一在学校完成业务结报、发起支付申请之后,嵌入局会计结算中心主管会计支付确认这一流程"。

3. 业务流程。我们将纳入集中核算范围食堂经济业务的主要流程归纳为"五环节十步骤"(具体见图2)。其中,"五环节"指的是业务实施、业务结报、资金支付、会计核算、资料归集。同时,对各环节、各步骤的责任主体和主要任务进行了明确。

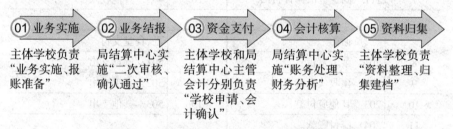

01 业务实施	02 业务结报	03 资金支付	04 会计核算	05 资料归集
主体学校负责"业务实施、报账准备"	局结算中心实施"二次审核、确认通过"	主体学校和局结算中心主管会计分别负责"学校申请、会计确认"	局结算中心实施"账务处理、财务分析"	主体学校负责"资料整理、归集建档"

图2 食堂经济业务"五环节十步骤"流程图

(二)核算办法

2023年8月18日,《学校食堂会计核算办法(试行)》(萧教结算〔2023〕21号)发布。接着,我们又制订了《食堂会计业务科目内容和单据要求》(萧教结算〔2023〕25号),作为《核算办法》内容的延展和补充。《核算办法》包括总则、会计科目、账簿设立和会计报表等4部分。

1. 会计科目。食堂会计科目设资产类、负债类、净资产、食堂收入和食堂支出等5个类级科目;类级科目下设现金、银行存款等19个款级科目(具体见表1)。《核算办法》中对主要会计科目的使用方法做了详细说明。在后续的《科目内容和单据要求》中,对各会计科目下的具体业务内容以及相关单据要求进行了界定,增强了食堂会计实务的可操作性和统一性。

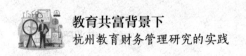

2. 账簿设立。《核算办法》明确学校食堂会计账簿主要包括库存物品数量金额明细账、现金日记账、银行存款日记账、明细账（收入、支出、往来）和总账等。同时，对各类账簿设立的责任人员和工作要求进行了说明。

表1　会计科目设置情况表

序号	科目编号及名称	序号	科目编号及名称
	一、资料类		三、净资产
1	101　现金	12	301　累计盈余
2	102　银行存款	13	302　本期盈余
3	103　其他应收款		
4	104　应收账款		四、食堂收入
5	105　库存物品	14	401　伙食收入
6	110　固定资产	15	402　财政补助收入
7	111　固定资产累计折旧	16	403　其他收入
	二、负债类		五、食堂支付
8	201　菜卡发行	17	501　伙食支出
9	202　预收伙食费	18	502　人工支出
10	203　其他应付款	19	503　其他支出
11	204　应付账款		

3. 会计报表。会计报表是会计报告的重要组成部分，也是食堂财务分析的重要基础。《核算办法》明确食堂会计报表主要包括《食堂资产负债表》和《食堂收入费用明细表》。另外，《核算办法》还为食堂经济业务中常用的其他表单提供了样式。

（三）会计建议

会计部门是执行标准而非制订标准的部门，而上位标准往往存在一些与现实需求相冲突的不及时、不全面、不客观的细节，以及"口径"与文件相互矛盾的地方，这是我们无法回避的客观存在。如何在链接之位行链接之为？于是，我们以《会计建议》方式作为补充、完善会计业务标准的一种工作机制。另外，在今后的工作中将持续以《业务二部意见》方式就会计实操层面的方法、技术,以及标准解释进行明确和统一。2023年9月4日,区教育局以会议纪要的方式同意了《关于学校食堂财务核算有关标准的会计建议》(萧教结算〔2023〕22号)。本次《会计建议》主要明确了以下标准:

1. 账务处理。从财务规范和客观实际出发,按月做账,同时确认暑期学校食堂一般只核算原材料成本。

2. 费用分摊。按照师生伙食各自产生的原材料成本比例分摊水费、电费、燃气费等其他成本。

3. 银行开户。学校食堂银行开户需遵守公款竞争性存放等有关规定;学校在选择开户银行时,应当注意与开户银行协商确认核算系统银行接口开发与维护的费用分担和功能实现方式。

三、改革发展的三项策略

(一)理论领引

本次改革,我们是在现代服务业集中经营、规模效应等重要理念,以及标准管理、流程建构等主要技术指引下进行的一次系统优化。萧山区教育会计服务工作进一步向"集约化 + 流程化"迈进。

1. 标准管理。标准管理是现代服务业的重要理论和技术之一,而文本固化则是推进标准管理的主要策略和重要基础。我们以为,尽管在标准以文本化方式呈现的初期可能会受到来自各方的质疑甚至批判,但我们坚信这将为会计业务当下的有序开展和未来的可持续发展提供坚实基础。

2. 流程建构。流程是将业务的每个环节按照实现的时间顺序和逻辑顺序排列起来的,它可以将复杂的理论转化成简单的执行,是规范实施以及对相关经济业务进行过程管理、风险分析和有效控制的基础。在本次改革进程中,我们在对会计业务办理、会计业务交接等多种场景的环节梳理、风险分析和制度建立的过程中,充分运用了流程技术。

(二)专业支撑

改革的实施或许源于现实困境和发展追求,而其成功以及可持续必定需要专业支撑。"做文化的会计"——这是我们在长期发展过程中逐渐积淀、升华的理念,其核心内涵之一是单位管理坚持"人力资源是核心资源",

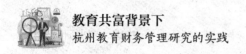

会计人员"让工作成为一种成长方式"。

1. 专业储备。在2021年1月全区学校行政账实施会计集中核算之后，我们重视做好了两项工作：一是以《"八项修炼"：专业发展与问题解决同频共振》研究课题为统领，全面建构了本单位的专业发展体系；二是在单位同事的高度认同下，原审核会计人员全面向主管会计岗位转型，并在瓜沥分中心就"轮审"进行先行先试。两年前播下的"种子"，两年来的阳光雨露，让这次"美食"历程顺畅通达。

2. 集体方式。为有效推进食堂会计业务的专业化发展，在本次改革过程中，成立了业务二部和食堂会计业务指导小组，其主要职能为标准研判、日常管理和财务分析。在工作中将坚持"专业态度、集体方式"两项基本原则：研讨时，同心同德，发挥集体智慧；执行时，同规同步，保持协调联动。

（三）质量保证

改革之后，我们结算中心共服务学校267所。其中，行政账集中核算250所；食堂账集中核算232所。除审核任务外，会计人员平均核算账本数为"7＋6"。在改革之初，局主要领导明确要求：本次改革必须避免因为业务扩容、人员紧缺等因素导致会计业务质量降低的现象发生。我们致力于通过会计业务的管理闭环实现质量保证。

1. 岗位轮审。改革之前，我们对结算业务实施"两次审"，即对经济业务的资金支付实施主管会计一审、审核会计二审。改革之后，面对人力资源紧张的现实，调整了"两次审"的具体方式。在安排岗位的同时，以新老搭配为原则，明确每一个主管会计负责审核的具体学校，在次月初对审核对象的上月会计业务实施轮审。

2. 内部稽核。改革之后，食堂会计业务将与行政会计业务同步实施"两稽核"。在每年的3月、10月发起，分别以前一年度和当年度会计业务为对象的两次内部稽核。内部稽核的主要功能：一是通过内部稽核发现问题之后，主管会计指导会计主体修正问题；二是通过内部稽核的功能放大，将其中发现的问题作为业务研究、专业发展的重要内容。

（原载于杭州市教育局计财处《教育财务管理研究》2023年总第31期。收入本书时有修改）

中小学校会计集中核算的实践与思考

占丽萍

一、研究目标

针对目前存在的两种中小学校会计核算管理模式,通过调查比对各自优缺点,分析研究会计集中核算管理的重要性,并以拱墅区教育会计结算中心为例进行分析,面对实际存在的困难,采取各项具体措施,统一会计集中核算管理模式,达到提高学校财务工作效率,提高学校财务管理水平的目的。

二、两种会计核算模式的优缺点

1. 目前存在的两种模式

根据调查了解,目前中小学普遍存在两种集中核算管理模式:一种是在学校中单独设置会计出纳岗位,教育局成立核算中心对学校的财务收支业务进行审核,审核完后原始凭证由学校财务收回自行整理归档,对学校食堂、工会账务基本由学校自行核算管理;另一种就是在学校只设置报账员岗位,各学校的会计核算、监督职能统一集中在教育会计结算中心,每位会计负责3~5所学校财务管理工作。针对目前两种模式,以原下城区与拱墅区为例进行分析,原下城区教育局是采取第一种管理模式,原拱墅区教育局是采取第二种管理模式。

2. 两种模式的优缺点

通过深入了解,第一种模式存在的缺点是学校会计人员水平悬殊,一部分学校会计岗位由学校教师兼任,精力有限,财务专业知识不够扎实,另

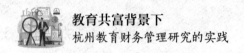

一部分会计岗由学校外聘财务人员,编外财务人员经费又没有保障,会计人员待遇低,导致人员流动频繁。部分学校的行政、食堂、工会财务核算不及时,财务附件不齐全,财务档案管理也不规范,经常等到要被检查或审计前才匆忙整理;学校对经费执行进度不够合理,没有按照进度执行,部分学校存在年底突击花钱现象;另有学校还容易出现往来款不及时清理的现象;各类统计数据收集不准确、不及时的困扰。而在第二种模式下,会计结算中心人员经过严格筛选的财务专业人员,经费有保障,人员相对稳定,同时每个会计人员负责多所学校的财务会计工作,一定程度上分担了学校的会计工作任务。会计人员集中办公,也方便随时进行学习培训,掌握最新的法律法规文件,熟悉学校各项会计业务。统一规范了学校各项经费的使用,减少违规行为,降低财务风险。会计每月反馈给学校财务重要指标分析,能提醒督促学校做好用款进度;及时统一做好财务核算及财务档案整理工作。另外,由于结算中心人员的绩效奖励不是由学校层面来进行考核,结算中心归属于教育局计财科管理,确保了会计核算和各类费用支出审核的公平性、客观性,日常预算统计数据的准确性、及时性也有了保障。

当然第一种模式也有优点,就是会计岗设置在学校里,会计人员非常熟悉学校业务,能及时向学校领导汇报财务情况。学校会计就只核算一个学校,精力也能相对集中。而第二种模式下,中心会计每人要负责多所学校的会计工作,工作任务繁重,没有太多时间经常与学校进行交流沟通,部分会计没有学校工作的经验,不是很熟悉学校具体实际业务;另外,学校设置报账员岗,大部分是学校教师或是临时人员兼任,流动性也大,对账务处理不熟悉,比较依赖中心会计人员。所以为了让学校分管领导对学校财务有全盘了解,需要中心会计与学校各业务部门加强沟通,不断地指导学校报账员提高他们的专业知识,作为学校财务信息沟通的桥梁,守好门,当好家。

3. 根据优缺点进行抉择

我们通过对两种模式的优缺点比较,针对拱墅区现有的实际情况,原下城学校有60所左右,原拱墅学校100所左右,考虑到人员精简的问题,同时减轻学校财务管理负担,最终决定会计集中核算管理要采取第二种模式,会计人员集中办公统一财务核算,承担全区中小学校财务核算及会计监督的重任,提升两区融合后的学校财务管理工作水平。

三、集中核算管理的具体措施

1. 队伍建设

结算中心对下属学校会计人员进行择优选调以及挑选外部优秀财务专业人员进行补充,保障人员的经费,统一集中办公;建立师徒结对,老带新,促使新进会计人员尽快熟悉业务。中心会计人员增多,更新岗位设置,设置中心主任、助理、部长等岗位,做好分工,明确各岗位职责。同时健全完善会计人员各类考核制度,规范日常工作管理,稳定人员队伍,提高会计人员工作积极性。

2. 制度建设

制订会计及报账员具体工作内容,明确岗位职责,及时优选调整经费结报指南,规范结报流程,统一各项费用的报销标准,给中小学校财务管理工作提供依据;中心会计按要求规范做好财务分析月报表,每月及时反馈给学校各项经费预算及使用情况,提醒预算执行进度,针对执行率异常的指标进行沟通交流反馈,分析查找原因,提醒学校合理安排好用款计划;统一使用食堂财务核算系统,制定分录模板及做账要求,及时准确地核算食堂盈亏情况;规范学校财务凭证装订要求、账簿报表等财务档案归集内容,提高中小学校财务档案管理水平。

3. 常态检查

每年组织中心骨干人员成立的检查小组,对学校行政、食堂、工会的财务情况进行现场检查,提出问题、分析原因并提出整改建议。激发团队力量,在中心内部加大日常互审力度,杜绝各类不规范的支出,及时纠正错误。中心会计建立师徒结对帮扶工作一对一地指导会计业务。利用财务片组长的力量,不定期开展互帮互助工作,帮助新上岗的报账员尽快适应岗位要求,现场解决各类系统及经费执行问题。

4. 开展培训

对学校报账员建立片组管理,加大培训力度,开展常态化的业务学习

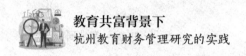

交流,组织学校财务岗位练兵各类评比活动,提升学校财务人员的专业水平。每年开展全区财务人员培训活动,培训各个预算一体化业务操作流程以及采购、内控、内审、财务管理风险等方面。结算中心开展常态化培训,学习近期布置的工作要求,讨论学习最新的政策法规及主管部门发布的各项经费管理文件,对巡视巡察纪检内审发现问题进行学习自查及自纠。鼓励会计人员积极参加课题研究,参加会计职称考试,提高会计人员的业务素质。

四、集中核算管理推行的成效

1. 提高学校内控管理水平及资金使用的合理性

集中核算管理后,统一账务处理方法,规范使用会计科目,减少了学校账目不清的问题;定期财务经费情况分析汇报,使学校领导及时掌握经费情况,合理开展学校各类活动,对各类报销统一规范结报指南,统一附件要求。近两年依托预算一体化及浙里报系统,使学校各部门与结算中心均有明确的分工,即学校日常的采购、各类审批、票据的审核、资金的支付等均按照内控制度自主执行,进一步提高学校内控管理水平及学校各项资金使用的合理性。

2. 保障教学力量,提高财务人员的工作效率

集中核算管理后,释放了学校教师兼职财务的会计工作任务,出纳与会计岗严格区分,使部分教师专心教学,保障教学力量,同时解决了学校个别教师编制紧缺的问题。如果原来学校会计是外聘人员,集中核算管理后也减轻了学校的临时用工费用。统一学校会计工作核算口径,及时准确核算学校行政、食堂、工会的财务状况,保证了财务档案的及时性、完整性,进一步提高学校财务信息化、系统化管理水平。集中人才优势,发挥群策群力作用,会计人员集中开展学习交流,提高了工作效率。

3. 保持相对独立性,提高财务监督职能

集中核算管理后,划定了学校与中心核算会计的职责边界,明确学校校长是财务第一负责人,中心核算会计的主要职责是会计服务与会计监督。由于结算中心会计考核不由学校进行,而是由教育局进行考核,故保

持了相对的独立性。对学校财务不规范的行为在第一时间进行了制止,对学校财务运行情况进行适时监控,及时监督指导学校做好财务规范。结算中心也由代理记账模式逐步转为监督指导模式,充分发挥监督作用。

五、结　语

中小学会计集中核算管理模式体现了普教系统财务管理规模化、系统化、信息化的趋势,对于提高整个普教系统财务管理水平具有积极作用。但是,由于缺乏相关管理制度等,要实现会计集中核算的系统规范化管理,还需要解决很多实际问题。因此,要想运用好这一管理模式,还需要从实际出发,科学规划,从发现问题抓手,在现有条件下提高财务管理效能,发挥出集中核算管理模式的最大功效。

(参考文献略)

(原载于杭州市教育局计财处《教育财务管理研究》2023年总第31期。收入本书时有修改)

第八届研讨会上,占丽萍作主题报告

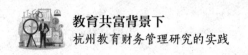
▷ 团队建设

中小学校教育财务管理研究团队建设的探究

郭建平　邓冬青

一、研究背景

（一）政策层面

近年来,财务会计改革不断深化。随着《会计行业人才发展规划（2021—2025）》《事业单位财务规则》《会计人员管理办法》《中小学校财务制度》《会计改革与发展"十四五"规划纲要》等规章制度颁布与修订,政府会计改革全面推进,取得良好的效果,但存在的问题也不容忽视,尤其是财会人才短缺已经成为改革推进的障碍。

财会人才的培养教育,主管部门、财政部门都在做,会计人员继续教育也每年在做,但财会人员素质差距还是客观存在,极少有地区和学校有针对本地区本学校的培训时间促进财会人员的发展。杭州市教育财务管理通过创新办法组建"教育财务管理研究团队",提出以沉潜精研的研究诠释完美的财会人生,以研究性思维优化财务管理工作是优秀财务管理者成长过程,进而提升整个地区教育财会人员的专业水准和学校财务管理水平的一条捷径。

（二）理论层面

财会研究课题是从日常业务工作中来。日常工作中会面临很多困惑,这些困惑是从事教育财务研究的兴趣和动力所在。例如,对"财务管理的方法"的问题十分感兴趣,但是研究的范围太大、不够聚焦,不能成为一个明确的研究问题。可以通过做出相应的界定来缩小研究的范围,如将针对财务管理的制度建设,作为思考的切入点。对研究的困惑,我们提出当限定研究范围之后,再考虑这个困惑是否具有研究的价值,问题是否有相应的研究基础,通过查阅前人研究的成果与公开发表的文献,了解相关研究的基础。

在"中国知网"搜索"教育财务管理研究团队","普教财务管理研究团队",鲜见理论层面研究"教育财务管理团队建设"。因此我们对如何补好"普教财务管理研究团队建设"这个短板,通过十年的实践,提出思考和研究的可行性。

(三)现实情况

团队组建之初,绝大部分人对此没有信心,有点"天方夜谭"式的空想。大部分财会人员有经验缺理论,有资料不会整理,能说不会写,写作动力欠缺,存在诸多研究短板。但团队成员对自己有更严格的要求;对未来有更多的期望;坚信会有发光的一天。

在学校的教育管理中,教师进行课题研究是"必要途径",以研究能力带动教师持续专业发展在实践中得到印证。这条路对于财务会计人员同样可行。以一种研究的心愿,从事日常工作,仔细地辨析自己所面临的困惑,采取恰当的行动解决问题。比如,会计结算中心兼做内部审计的利与弊,中小学校财会人员职称、职务晋升,财务人员绩效过低,新财务制度规定设置财务部门等问题均需解决与研究。

(四)自我研究

一般领导或其他部门对财会人员的认知仅停留在工作简单劳动,报账、付钱,不创造价值、可有可无层面。我们更需要通过研究课题解决实践中的问题,来发现、挖掘自身的价值所在。

课题研究是以明确的方式,聚焦并解决在实践中的困境;通过实践反思财务工作,不能单打独斗,形成团队才能使研究获得多元视角,扩大知识结构,从而促进专业发展。比如,西湖区提出的"五个三"教育财务管理科研工作思路——"课题管理的三阶段,课题成长三环节,课题内容三导向,日常研究三重视,课题保障三到位",引起领导和专家的关注,得到同行的

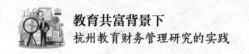

认可,提升区教育服务会计中心的地位和科研品牌影响力。

通过研究成果展示让领导、教师明白财会人员是学校的"先行官""开校元勋",学校正常运转的"粮草官",学校深度、广度信息的"掌控者",学校合并、撤消"后事"处理者,学校财务管理发现问题的"处方者",领导安全着陆的"后卫团",学校发展决策的"参谋长"。

根据统计(见表1),浙江省普通中学2020年有2370所,有财会人员2370人(以一个报账员计)。"一个人走得快,一群人走得远",成功来自集体的团结和协作努力。建立微课题研究团队,相互监督,共同推进,克服拖延症,为微课题研究渐入佳境提供依托,同时实现区域内群体研究与个人研究共进,达到实践和研究双赢,为教育财务科研管理提供经验,起到一个领跑的作用。

表1　浙江省普通中学基本情况(2018—2020年)

年份	学校数 (所)	招生数 (万人)	在校学生数 (万人)	毕业生数 (万人)	教职员工数 (万人)	专任教师 (万人)
2018	2333	79.74	238.39	72.13	22.53	19.79
2019	2345	82.35	242.12	76.62	22.95	20.25
2020	2370	83.73	244.54	79.45	23.46	20.68

数据采自2020年《浙江统计年鉴·普通中学基本情况(1978—2020年)》。

二、现状分析

(一)国家层面

面对新挑战、新机遇、新问题、新情况,要求会计标准、会计法治不断有效实施。会计人员要持续加速转型、提升素质;会计管理部门要及时改进方法、创新管理、转变观念。2022年8月新修订的《中小学财务制度》,明确党组织领导下的中小学校财务管理,新增"中小学校应当指定专人主管财务工作,配备财务、会计人员,根据需要合理设置财务部门,对学校的各类经济活动实施管理、核算和监督",并明确财务主管人员职责为"参与学校重大建设项目、重要办学资源配置、重要资产处置、大额资金使用等重大事项的决策"。新制度给我们管理者提出新要求和新挑战。

（二）地方层面

2022年是浙江省"财会建设年"，以开展"财会建设年"活动为契机，以制度创新为动力，以数字化改革为抓手，深化会计管理制度机制建设，提升会计监管水平，更好地发挥财会工作服务经济社会高质量发展的基础性作用。针对基层财会人员违纪违法低龄化现象的发生，2022年6月，研究团队举行"财会职业精神"大讨论活动，通过宣讲财会人员要常怀敬畏之心，强化诚信责任，笃守诚信，正道直行，为教育行业可持续发展服务，守住财会底色，为努力构建教育财会发展新格局贡献力量。

（三）案例触动

2020年5月，中央纪委、国家监委网站刊发《学校会计5年贪污300万竟是为了买玩具》；2021年9月，浙江省纪委监委网站刊发《发现漏洞生贪念 学校会计伸手14次》，披露了一线学校财务人员违法行为，案例中暴露出财务人员岗位廉政风险和个别学校财务监督流于形式、财务管理混乱、产生问题的深层次原因值得反思。管理者和研究者完全有必要探讨教育财务管理过程的问题，预防财务风险。

（四）研究现状

在研究中发现，财会人员平时忽视文字材料写作锻炼，更不要说写论文、搞研究，每天"浸泡"在海量数据中，和数字、报表水乳交融，整天忙于事务性的工作。要建设一个成功的教育财务研究团队，涉及团队成员组成、研究方向、成员研究能力等方面。团队带头人是团队凝聚力的关键；明确研究方向是团队存在和发展的基础；团队成员能力的提升是团队发展的基石；最后形成真正以人为本的团队文化。

课题是研究团队建设的载体，可以以点带面地提高财务人员的财务管理水平和职业素质。建立中小学校的"财务研究团队"，有一定的积极作用。为了促进普教财务更长远稳定地发展，提升财务人员综合素质，必须加强团队领军人才的建设和团队凝聚力，推进普教财务管理健康发展。

（五）队伍情况

新问题、新情况层出不穷，学校财务工作更加复杂，工作量更大，财务

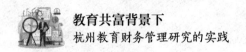

管理涉及的范围更加广泛。财务工作不仅仅承担会计核算职能和财务监督职能,还要承担参与学校的战略制定、财务风险控制等职能,这就对财务人员素质提出更高的要求,财务人员素质的高低直接关系到工作的质量。据瑞安市教育局江飞云《普教系统财会队伍建设现状及对策研究》一文,2014年数据统计显示80%的财会人员兼课,专业技术职称97%均为非财务专业;56%要求转岗不愿意干等,队伍专业素质和稳定堪忧。

2018年,杭州市教育局和杭州市财政会计学会联合举办"学校实行会计服务外包的利与弊"大辩论,这是在杭州市编办不给学校招财务人员的背景下进行的一场辩论。正方认为学校实行会计服务外包,有专业性更强、内控制度更健全、学校师资配置更优化、会计人员成本更低4个优势,利大于弊。会计外包是符合学校财务现状,贴合教育发展的必行模式,大势所趋,不可阻挡。反方以会计外包无法取代会计岗位、财务信息不安全、外包成本不低、外包事务所资质不匹配、外包人员管理不可控等为由,说明学校会计外包弊大于利,不宜外包。通过一个辩论赛,阐明财务人员在实际管理中是被忽视。

三、实践路径

(一)打造区域品牌

杭州市教育财务研究团队(见图1)以"培育团队,抱团学习、共同提升"为宗旨,每年年初编制教育财务管理研究团队的工作计划,提出工作要求。目前,建有一个"教育财会研究者"公众号、一本"教育财务管理研究"杂志,引领全市中小学校的财务人员学习和交流。

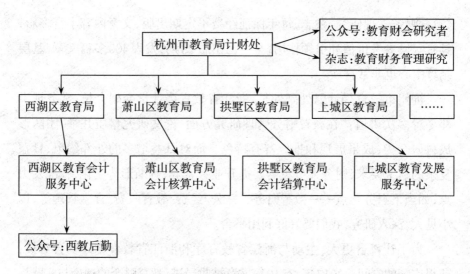

图1　杭州市教育财务管理研究团队构成

杭州市教育财务研究团队明确研究的方向,以各区的特色来研究工作中出现的问题,树立看不到风险才是最大的风险意识,管理上不能做表面文章,要下绣花功夫,调动每位财会人员的工作积极性,推动了区教育财务管理的管理水平,带动了全市中小学校财务管理的整体水平。

西湖区教育会计服务中心提出"用科研的方式提升财务的品质,用管理的绩效凸显科研的价值"的西湖范式,引领每一位队员,走到教育财务科研这一条快乐和幸福的路上,真正让教育财务科研改变财务人的思维模式、行为方式,聚焦提升财务品质、聚焦提升学校服务,为绩效管理提质增效,得到各区的称赞。

萧山区教育局会计结算中心提出"美好教育区域教育整体发展"的顶层设计,"让校长回归学校安心管理,让教师回归课堂安心教育","让会计业务要精湛,队伍要精干,工作要精彩,服务要精准"的萧山范式,"做文化的会计"理念,"以教师的模样做会计"这一专业发展行动路径的精髓,受到同行的关注和好评。

(二)营造成长生态

1. 争取支持力度

杭州市教育局计财处为了保证一线财务人的文章有展示舞台,创办

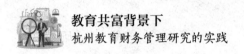

《教育财务管理研究》杂志,每年保证经费不定期出版,文章内容丰富多彩,具有实操参考价值和引领作用,至今已出版28期,发表400多篇文章,基层结算中心也非常喜欢。

杭州市教育局计财处副处长,浙江省教育会计学会副会长、常务理事邓冬青多次讲道:"在教育财务管理研究方面,论文研究量质并举,团队形成科研合力,成果展现和推广富有特色。面对日益增多的外部约束、日益复杂的财务要求,财务人员更需要提升业务素养,判断形势变化,找准发力点,如当下财务热点——数智财务、'三公'经费、教育收费、食堂管理等,以小见大,深入研究,我们要好好利用平台。"

为了让舞台更大,主动与浙江省教育厅和浙江省教育会计学会对接,获得广阔的空间。2017年,有10篇文章被收录进《教育财会的理论与实践探索》一书。《浙江教育财会》2020年总第158期出"杭州普教专刊",收录文章26篇,基层财务人员深受鼓舞。近6年来,有数十篇文章发表在《浙江教育财会》。

浙江工业大学计财处处长,浙江省教育会计学会副会长、秘书处秘书长何兴也谈道:"杭州普教系统作为浙江省教育会计学会重要的组成部分,在全省的普教系统中起到了示范带头作用,同时激励大家继续努力,更加精进,不断提升财务素养,加快转型,实现研究与业务的相结合,百尺竿头,更进一步。"

2. 创新学术活动

杭州市西湖区教育会计服务中心人人有课题,"开题论证"引领全市的风向,让原来的"草根"研究更具理论性和互动性,课题质量突飞猛进。杭州市教育财务管理研究学术交流研讨活动至今已经举办六届,六年来,汇聚各个区县市的教育财会人员,大家互相探讨与研究,立足理论前沿,聚焦财务热点,用科研的形式,形成属于教育财务人的专属品牌。在杭州市教育局计财处与省教育会计学会搭建的广阔平台里,大家勠力同心,奋楫笃行,创造出一个个优异的成绩。正是因为科研,我们聚集一起;因为科研,我们遇见美好;因为科研,我们能在这样优秀的团体里根植梦想,汲取智慧与力量,努力前行,一路成长。中心的小伙伴们个个争先恐后地加入研究团队,已成为一种风向标,让我们见证科研的美好。

3. 构建多层平台

(1)课题研究

每年3月浙江省教育会计学会发布课题指南,第一时间通知课题的研究方向,4月整理课题,我市课题的申报数量(见图2)和质量每年都有非常大的进步。

杭州师范大学附属中学卓琼蕾是坚持一年一课题的代表。她说:"回顾这十年的过程,感到收获颇丰。这种收获不仅仅限于完成几个课题、获得几个奖项,而在于有一种归属感。研究团队每年举办的研讨会,是启发学习和工作的一个重要契机,引导我成长。感谢这些年研究组的陪伴和分享,相信以后我们研究组能够走得更远更好。"坚守财会工作的初心与使命,护航教育财务科研团队建设。

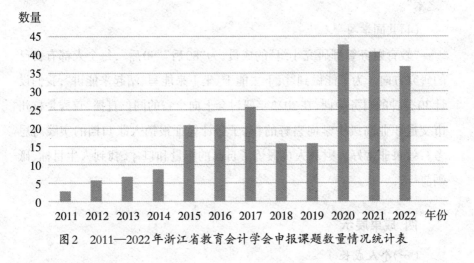

图2　2011—2022年浙江省教育会计学会申报课题数量情况统计表

(2)研讨交流

创建"杭州市教育财务管理研究"研讨会特色品牌。每年举行全市的教育财务管理研讨会,是全市中小学校财务人的学术盛宴。

2018年,杭州市教科院和杭州市财政会计学会举办"杭州市教育财务研究学术沙龙",杭州第二中学杭州市会计领军人物郑岚的《学习　一直在路上》,分享高会、领军路上的经历和感想,将沙龙活动推上高潮,团队成员

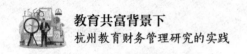

个个信心满满,心中有目标。

每年研讨会上有"先进表彰""主题交流""课题交流"等内容,2022年增加"圆桌会议"。为提炼铸造新时代"财会职业精神",贯彻执行浙江省财政厅"财会职业精神"宣讲,提炼会计职业的精神实质,将诚实守信、严谨细致、求真务实、开拓创新等内核要素与行业特征、时代要求深度融合,铸造新时代财会职业精神,引领行业健康发展。"科长(主任)论坛"是我们教育财务管理者的论坛,有研究成果的展示,更有领导者的管理经验分享。

(3)树立标杆

尝试成立科研标兵工作室,发挥团队核心人员作用。2022年6月,西湖区授牌施桂萍工作室领衔人,发挥有研究能力和实践能力的排头兵力量,培养影响一批本区财务科研尖兵,树立标杆型人才,使团队有文化符号,让区域队员更有归属感,让研究者了解研究"之道",更好地理解研究"之术"。

(4)共同学习

"教育财务管理研究小组"的成员,为"80后""90后",每个人都有自己的研究方向。为了能做到"沉下去能干、坐下来能写、站起来能讲",我们设计30分钟的财务微课,在2022年研讨会上向全省的同仁直播,首秀是杭州市交通职业高级中学何嘉辉的《电子会计凭证报销入账归档的实践与思考》,效果非常好。财务人员锻炼了自己的胆量和口才,找到人生目标,砥砺前行。

四、成果展示

(一)个人成长

在学校的教育管理中,教师进行课题研究是"必要途径",可以促进教师快速成长。但对于学校财务人员来说,缺乏畅通的渠道。笔者从事中小学校财务基础工作36年,财务人有自己的研究团队非常必要,可以抱团学习。通过十年的坚持,成果初显,我们把"三个成长"和"区域范式"当作成果,不断反思,通过反思正确认识自己,客观评价自己,使经验得以提升,失误得以避免。

1. 在浸润中成长

基于以上思路,2009年,笔者从基层学校调入研究院后,在杭州市教育局的支持下,从2010年开始,启动"草根"研究工作,课题方向是选择微课题。在基层选择6个人,他们来自不同区,大家一年一课题,作为自己方向的示范、引领,两年后初见团队的效应。2014年,浙江大学出版社《中小学后勤管理案例集粹》上10名作者里,如今有5名是高级会计师,有3名走上领导岗位。2021年,我在浙江省教育会计学会换届的成为理事和副秘书长,为广大的普教一线财会人员服务,更坚定了带研究团队的信心。

2. 在交流中成长

不定期开展主题学习、研讨会等,促进优势互补,让财务人员在交流中成长。2013年,全市有4个区成立"课题研究小团队",在杭州市教育局计财处和各区教育局计财科、结算中心主任的指导下,全面扎实推进"草根"研究,实现区域内"群体研究与个人研究"共进、研究与实践双赢。如"改变从研究开始"主题学习会,分享研究方法,寻找合适的理论基础,聚焦好的研究问题,明白一线财会人员研究是解决工作实践中的问题、促进自己的专业发展的"理",收效明显。至今已开展6届活动,成为一个交流品牌。

3. 在讲课中成长

年轻人需要舞台展示,在年轻人中创建研究小组,每个人有自己的学术研究,积极参加各类的授课活动,进行课件的设计,反思和批评自己的实践,交流和传播好的经验。何嘉辉《电子会计凭证报销入账归档的实践与思考》、黄赛勤的《中小学校舍基建维修项目的固定资产核算》等微课,干货满满,深受一线财务人员喜爱。

(二)区域特色

1. 西湖范式

2019年,施桂萍接任西湖区教育会计服务中心主任,提出"用科研的方式提升财务的品质,用管理的绩效凸显科研的价值",引导每一位财务人员走到教育财务科研这条幸福的道路上来。施桂萍主任主持撰写的课题研究成果在杂志发表,获得浙江省教育会计学会课题三等奖,逐步形成"西湖范式"的财务管理研究体系。

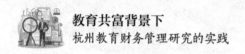
中心每年举行"开题论证会",全员参与,会上有专家指导和同行间的碰撞。在一次次活动中,财务人员口才得到锻炼、能力得到提升。施主任的"课题管理三阶段、课题成长三环节、课题内容三导向、日常研究三重视、课题保障三到位"工作理念,在杭州市教育财务管理研究研讨会上交流后,提升了中心科研品牌影响力。中心先后被普教系统评为2017年度杭州市教育财务管理科研先进集体、2019年度科研优秀组织团队、浙江省教育会计学会2013—2020年度学会工作先进集体、施桂萍教育财务科研标兵、科研标兵工作室等光荣称号。2015年,在王晓霞老师的引领下,获得团队首个省重点课题一等奖,内刊投稿数量居全市榜首,研究的角度多方位,价值高,涌现出一批科研达人,提升了西湖区的影响力。中心也开办"西教财会"公众号,示范效应大,反响好,成为"西湖范式"的杭州品牌。

2. 萧山范式

萧山区教育局会计结算中心莫伟军主任提出"业务要精湛,队伍要精干,工作要精彩,服务要精准"的思路。财务工作创新要有重点、有步骤、有预案,加强与基层学校的良性互动,做到稳中有进,让创新更有价值,引导不主导,推进不冒进,将创新和优化服务结合起来,以问题为导向,给学校财务工作增添活力;引导学校积极探索适合自身特点的新模式、出新招、办实事、见成效,完善一系列的规章制度。"案例式财务分析"更是独树一帜,成效显著。萧山区让大家充分地了解萧山范式的"做文化的会计"理念和"以教师的模样做会计"这一专业发展行动路径的精髓,受到同行的欢迎和好评。

在研讨会上分享交流,多个课题,发表和获奖。2021年,莫伟军主任获得浙江省教育会计学会学会工作先进个人和2019—2021年杭州市教育财务科研先进个人等称号。

3. 拱墅江干模式

拱墅区教育局计财科张频科长和占丽萍主任领导开展丰富多彩的科研活动,通过课题的分享,带动一批"90后"参与课题申报,在全区进行财务调研,以调研为研究的目标,发表《教育系统会计人员专业现状的调查研究》等40多篇文章,在省课题申报中也年年都有突出表现。

原江干区教育局启动较晚,在计财科俞永芳科长的支持下,胡晓敏2021年5月第一次参加研讨会后,回去后就着力推动,暑假期间组织了多次读书、研讨活动。2022年4月,有10余篇论文被内刊采纳发表,在2022年的研讨会上也是硕果累累。

(三)成果转化

1. 图书展示

利用各种机会促进科研成果展示,如,2014年6月浙江大学出版社出版的《升级版中小学后勤管理案例集粹》收录8篇文章;2017年浙江大学出版社《教育财会的理论与实践探索》收录10篇文章;2017年杭州出版社的《2017年度优秀调研成果汇编》收录15篇文章;2018年笔者和卓琼蕾合写的《改革开放40年杭州教育会计的发展与创新》收录进《2018杭州教育科研年度报告》一书。同年,和陈赞迪合写的《教育系统会计人员专业现状的调查研究》收录进《2019杭州教育科研年度报告》一书;和吴艳主任合作调研了《撤市设区后学校会计队伍的现状分析及思考》发表在《商业》2020年第3期。财务人员成果转化成图书,也是一种质的飞跃。机会永远留给有准备的人。

2. 杂志呈现

2011年12月,在杭州市教育局姚坚副局长,计财处陈金飞处长、张益峰副处长和现组织处副处长何洁等大力支持,创刊号《教育财务管理研究》出版,免费发放给直属学校会计人员和区县财务科长等,得到同行好评。

杂志至今已出刊28期,收录400多篇一线财会人员的文章,发放8500册。浙江省杭州第四中学主办会计陈洁兰写道:"看着一篇篇文章下那一个个熟悉的名字,看着插图中一张张熟悉的面孔,愉悦的心情填满心坎,突然发觉这是一个很好地让我们学校财务人员学习和交流的平台,是一个理论和实际有效结合的平台,是一个抒发情怀和展现才华的平台,虽然只出版了两期,但已经散发如此强劲的活力。我相信,随着她不断地成熟和完善,她必定能成为我们财务人员工作中必不可少的良师益友。"

3. 媒介传播

为了构建与读者之间更好地沟通管理模式,公众号给品牌树立一个正

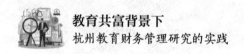

面形象和公关窗口,对知识、信息进行整理,方便读者查询。2019年12月17日,创办"教育财会研究者"公众号,经过三年运作,目前有全国各地1200多人的用户关注,发表文章350篇(原创文65篇)。西湖区教育会计服务中心2020年11月创办"西教财会"公众号,也在全区起到一个示范引领作用。

(四)交流提质

小团队在科研中发挥骨干的引领示范作用,带动团队成长。2018年的"学术沙龙活动"辩论赛,西湖区教育会计服务中心杨绚说"通过这样的研讨与交流,与会成员进一步学习了课题研究的方式与方法,提升了财务管理的认识水平,理念的碰撞必将擦出智慧的火花,引领教育财务管理的脚步不断前行。"

杭州市上城区教育后勤管理中心潘雯婕参加学术沙龙后活动感慨地说:"作为"90后"财务新人,我在这场沙龙里收获了满满的能量。在这美好的工作岗位上,我将全身心投入,夯实基础,立足实践,相信只要守稳初心,不懈追求,终能等到云开月明时。"通过交流,团队成员有了方向和目标,这也鼓舞着每个会计人高举智慧的火炬,探索真知,锻造品格,修炼美德。

五、结　语

转换观察问题的新视角,引出新问题,解决新问题,打破传统思维,运用成长性思维,不断地尝试从多角度对问题进行求证,获得新发现。我们的研究并不成熟,但我们会尽能力使自己养成写作、分析习惯并形成相应的能力,让自己在研究的路上更出彩。首先,形成激励目标。10年的实践证明,团队要起到导向作用、凝聚作用、激励作用。其次,形成团队文化。"用科研的方式提升财务的品质,用管理的绩效凸显科研的价值","做文化的会计"和"以教师的模样做会计",使团队成员对目标、规范和准则产生"认同感",用团队文化推动教育财务管理更精准。最后,形成杭州范式。西湖范式与萧山范式理论模型虽不成熟,但会逐步完善,以微课研究为载体,以个体研究形成团队研究,再经过五年的探索形成完整杭州范式!

总之,普教财务工作正面临巨大的变革与挑战。财务队伍建设是财务工作的重要环节,任重道远。团队的成员要不停地实践、不停地思考、不停地阅读、不停地写作,努力将财务队伍建设成业务能力扎实、综合素质过硬、专业知识丰富的高素质队伍,更好地为学校教育事业高质量发展贡献我们的财会力量。

(参考文献略)

(本文系2022年中国教育会计学会面上课题"中小学校教育财务管理研究团队建设的探究"(课题编号:JYKJ2022-103MS)成果。研究团队成员:邓冬青、郭建平(执笔)、施桂萍、占丽萍、莫伟军、童莉亚、陈赞迪、郑岚、何洁、颜斌武、黄莉、陈洁兰、杨喆艳、陈昕晗、王晓霞、周国勇、卓琼蕾、胡彩霞、何嘉辉、楼骅、楼淑平等)

(原载于中国教育会计学会《教育财会研究》2023年第四期总第195期。收入本书时有修改)

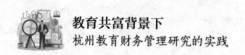

教育系统会计人员专业现状的调查研究

郭建平　　陈赞迪

　　会计人员是教育系统后勤队伍中非常重要的组成部分,掌握着本单位资金支出明细,保障教育系统各项业务顺利开展。随着政府会计制度改革的全面推行,财政支出绩效评价管理的不断推进,会计人员需要面对更为繁重和复杂的工作内容。各项改革的开展倒逼学校内部治理水平和治理能力的提升,也对会计队伍的整体业务素质提出更高要求。会计人员亟待从传统的"单纯核算型"向"核算管理型"转型,从而更科学、更高效地推进学校各项资金的预算和执行、资金使用绩效的把控、内控体系的建立和完善等工作。基于此,以杭州市拱墅区为例,对教育系统会计人员的现状展开调查,通过探索会计人员发展现状与现实工作要求的矛盾点,发现会计人员工作中的困难点和专业发展的突破口。

一、调查内容及方法

　　本次调查涵盖拱墅区教育会计结算中心会计18人、该区直属单位报账员3人;幼儿园、小学、初中、高中报账员依次为20人、22人、12人、1人。问卷共27个问题,包括人员基本情况、会计工作内容、专业发展情况、对财务工作的认识和评价等五个方面,旨在调查研究对象在工作中的困惑,进而探索具体的帮助和支持策略。借助问卷星平台发放问卷77份,收到有效问卷76份。

二、调查结果

(一)人员基本结构现状

　　根据人口统计学分析,如图1所示,当前区教育系统会计队伍的人员结构主要呈现以下特征。

1. 性别比例失衡,呈现男少女多的局面

目前,区教育系统会计人员主要为女性,本次调查对象中仅有6位男性,占会计群体的7.89%,而拱墅区男教师比例为18.71%,远高于会计人员中的男性比例。男会计精力更加充沛,能承担繁重的异地异校审计任务,如何改善男女比例失衡,对整个会计行业都具有积极意义。

2. 年龄结构合理,呈现纺锤形

从调查对象的年龄分布来看,图中各年龄区间的人数呈两头少、中间多的梯形结构。超过80%的会计人员处于31—50岁的年龄区间,处于20—30岁区间的占10.53%,51岁及以上的占9.21%。

3. 政治素质强

调查对象中,33%的会计人员为中共党员,政治意识强,信仰坚定,倡导清廉正气的行业风气。

4. 文化层次较高

从学历情况来看,本科及以上学历的会计人员有47人,占总人数的61.85%。近年来,随着城市建设改造进程的加快推进,每年新建很多配套学校,对会计人员素质要求较高。招入高学历会计人员,在一定程度上改善了会计人员的整体学历结构。

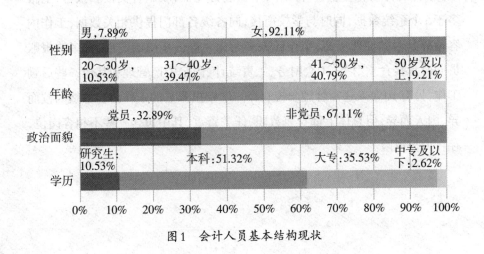

图1 会计人员基本结构现状

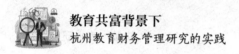

(二)职业发展现状

1. 四分之一的会计人员需兼课,兼课任务较重

如图2所示,有19位会计人员目前的本职工作是教师,即1/4会计人员需要同时承担教学任务。其中,有15位会计人员每周课时量多于5节课。通过个别访谈了解到,有部分会计人员每周上课节数接近10节,甚至有10节以上,教学任务重。

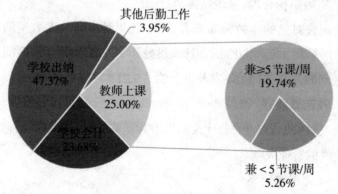

图2 会计人员本职工作及兼课情况

2. 绝大多数会计人员一人多岗,而财务工作要求日益严格规范

图3反映的是会计人员的主要工作职责。结算中心会计一般主要负责5个单位的行政和食堂会计工作,审核装订凭证,填制各类报表报告,上报多于5个系统数据,同时与学校衔接,向各级各部门提供相关数据,工作内容琐碎且时效性要求高,工作任务多元化。进一步访谈发现,大多数报账员同时承接食堂财务、工会财务、工资统计、固定资产管理和其他一些后勤工作,另有10余人还需管理学校仓库。学校报账员的工作内容虽然因校而异、因人而异,但总体上都身兼数职,任务繁重,其中包含一些不相容岗位,存在内控风险。

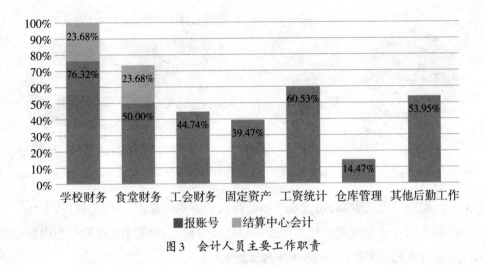

图3　会计人员主要工作职责

与此同时,各部门、各单位对财务工作成果的质量要求越来越高,这就需要结算中心会计与学校报账员实现更为密切的配合、实施更为科学的工作方法,必然要求会计人员具有更为细致负责的工作态度,付出更多的工作时间。

3. 考证评职、撰写文章的氛围不够浓厚

会计人员在专业发展方面的情况如图4所示。可以看出,近40%的会计人员从教师转岗或者由教师兼岗,仅有36.84%的会计人员取得会计专业职称。从职称级别来看,取得高级职称仅1人,占全部被调查对象的1.32%,40%左右人员取得中级、初级职称,另18.42%会计人员未取得专业职称。超过2/3的会计人员持有会计证,接近1/3人员未取得会计证,这与2017年以后取消会计从业资格考试有关。

在从事财务工作年限方面,接近4/5会计人员有5年以上财务工作经验,从侧面反映出近几年会计队伍中新招录和聘用了一些有经验的社会财务人员。

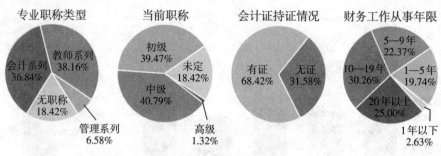

图4　会计人员专业发展情况

调查结果还表明,超过85%的会计人员能熟练操作EXCEL软件,大幅提高了财务工作效率。相关经验未得到及时提炼,只有7人在近三年内撰写过财务相关文章,占全部调查对象的9.21%。

(三)职业胜任能力分析

1. 财务工作胜任度高

从图5财务工作的胜任度调查结果来看,在76位调查对象中,68位胜任财务工作,仅有8人认为自己不能胜任。做好财务工作,不仅需要会计人员有着良好专业素养,还需具备较强沟通技巧。从调查结果来看,胜任能力强的会计人员往往有着出色的沟通能力,而无法胜任的会计人员和学校系统的人员不能做出有效的互动,比如有时与报销人员之间存在沟通不畅的情况。

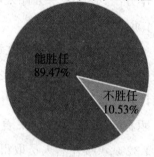

图5　财务工作胜任度

2. 工作满意度不高

图6工作满意度结果显示,73.68%的调查对象对当前工作表示满意,26.31%的调查对象对当前工作不满意。在对当前工作不满意20位调查对象中,有14人表示虽不满意但可以坚持继续干,有6人则表示出转岗意向。

3. 会计人员的奖励性绩效工资系数水平较低

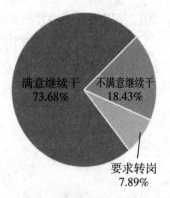

图6　对当前工作满意度

本次调查就会计人员奖励性绩效工资相关的问题进行研究,问卷结果显示,接近一半会计人员对自己当前奖励性绩效工资分配方案并不满意。

图7反映的是会计人员奖励性绩效工资系数水平。92.10%的会计人员奖励性绩效工资低于全单位平均水平,其中一半人员的绩效系数比单位平均系数低20%。不难发现,会计人员奖励性绩效工资系数水平总体偏低。

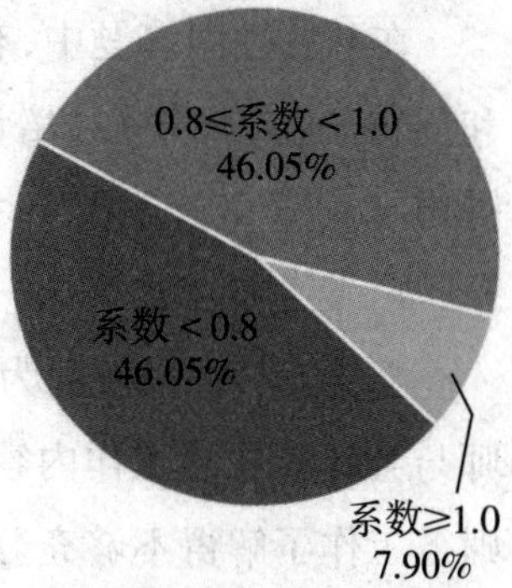

4. 会计培训时间充足,但培训内容缺乏针对性

0.8≤系数<1.0
46.05%

系数<0.8
46.05%

系数≥1.0
7.90%

图7 会计人员奖励性绩效
工资系数水平

调查结果显示,会计人员的培训时间能够得到保障,3/4以上的人员有5天以上的会计培训时间。但培训效果并不理想,培训内容往往脱离行政事业单位的业务实际,缺乏针对性和实效性。

从会计培训形式而言,会计人员更偏好案例分析、同行经验分享、分类专题讲座等培训交流形式,如图8所示。从知识需求的角度分析,会计人员希望获取会计、财务管理、审计、支出标准、电脑和网络运用、心理解压等方面的知识。

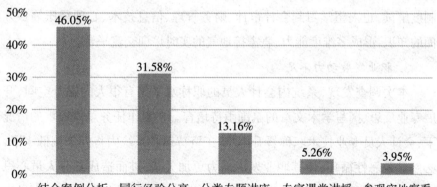

图8 会计培训形式偏好

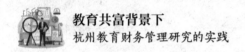

三、主要问题

在开放性问答题中,有43人表示自己在工作中存在困惑,需要的帮助和支持,主要集中在"培训指导""工资待遇""工作量""不够重视"等关键词。

1. 受重视程度偏低

会计人员在以教师为主体的教育系统是少数群体。长期以来,由于教师与会计人员的工作内容差别很大,很多普通教师甚至一些校长、园长对财务工作了解得不够充分,认为会计人员只负责付款发钱,工作内容单一且简单。这一观点影响了财务工作在学校的受重视程度。受此影响,许多会计人员同时承担学校诸多后勤工作。

2. 缺乏接地气的培训交流平台

近年来,教育系统招录一大批高学历会计人才,同时聘用一些财务工作经验丰富的社会人才。在"引进来"的同时,如何做好"培养起来"的工作,是亟待研究的课题。当前绝大多数财务人员沉浸在日常琐碎繁杂事务中,日复一日埋头苦干,很少有开阔视野、拓展思路的培训学习机会。同时,会计类继续教育培训内容缺乏与实际工作的对接。调查发现,会计人员不仅工作能力强,也有较强的求知求新欲望,希望得到及时具体的政策制度解读,也渴望学习到会计审计、财务管理、信息技术、心理释压等多方面的知识,形成多维度能力,急需接地气的实时培训交流平台。

3. 职业发展动力不足

本次调查发现,系统内会计人员的职称水平仍有很大的提升空间,开展专业反思、撰写学术文章的氛围亟待培育。在工作任务总体较重的情况下,会计人员专业技术职称晋升困难,工资待遇在系统内将处于偏低水平,必然导致恶性循环,使其职业发展动力更加欠缺,进而造成部分人员心思不稳,存在转岗意向。进一步换位思考,对于一些从教师岗位上转岗过来的会计人员而言,一方面,转岗财务在一定程度上限制了其在教师系列的职称评定;另一方面,身处财务岗位,压力和工作量不减反增,而待遇水平却可能未增反降。因此,一直以来,会计队伍流动性大,给学校实际工作和会计人才培养带来诸多困难,且容易产生联动效应,导致会计队伍人心涣散,很难走上会计专业发展的道路。

四、对策建议

对于教育系统而言,会计队伍是大后方。只有大后方人心稳定,教育系统这艘大船才能行驶平稳,各项工作才能有条不紊地开展。特提出以下对策和建议。

1. 重视制度改革,加强会计职业认同和引导

2019年1月1日,《政府会计制度》全面施行,所构建的"财务会计和预算会计适度分离并相互衔接"的会计核算模式,通过变革会计核算体系,改变了会计假设前提,要求更高的财务信息质量,这为财务工作的绩效管理提供了政策支撑。在这一制度背景下,财务工作的重要性将会日益凸显出来,财务工作更受重视。突出会计人员的专业性,会计人员将更多参与教育系统财务预算管理并监督日常执行工作,使单位的运行成本和费用得到更好控制,提升资金使用的绩效级别。

所以,有必要向单位负责人传达和解读会计制度改革内容,引导其转变财务管理理念,重视会计人员在学校资金合理有效使用过程中的不可或缺性,充分发挥财务工作的辅助参谋功能。适当引导教育系统学习并参与财务工作的流程和内容,进而尊重会计人员和他们的劳动成果,增强会计人员的职业认同感和专业成就感。单位的重视和认同是增强会计人员职业认同感的"催化剂"。

2. 创新培训交流模式,推动学习方式转变

根据调查结果,会计人员虽然有充足的专业培训时间,但由于培训内容不具有针对性,培训形式欠缺实效性,培训效果不能很好地转化到工作实际中。因此,在组织培训时应充分考虑会计人员的知识需求和工作需要,采用同行经验分享、案例分析、分类专题讲座等培训交流模式,使会计人员切实获得专业知识拓展和业务能力提升。对于刚进入会计队伍的新成员,可以为其提供规范化、具体化的业务操作指南。如拱墅区教育会计结算中心2019年编制的《报账指南》,简洁明了地说明了学校常规业务活动

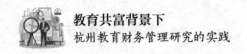

范围、相关规定、所需附件、文件依据等内容,获得学校报账员的一致好评。当然,会计人员综合素质和能力的提升,不能只依赖外部因素的影响、培养条件的改善,最关键的因素还是在其个人自身,会计人员应当增强专业使命感和自我提升意识,树立终身学习理念,多观察多思考多反思,在系统内形成"比学赶帮超"的良好文化氛围。

3. 完善奖励激励机制,创造岗位待遇提升空间

当前,会计人员工作负担较重,待遇水平在系统内偏低,且长期面临"做好无功,做错有过"的局面,长期处于职业发展动力不足的尴尬境地,必然导致会计队伍的流动性增大,专业认同度低。

首先,完善奖惩机制,明确岗位职责,奖罚分明,对在岗位上有优异表现、在职责外承担额外工作的人员给予奖励,为职称级别较高的人员创造成长空间,为能力表现突出的人员提供晋升机会。同时,创新激励机制,鼓励支持会计人员专业反思,撰写学术文章,设置荣誉奖项,最大限度调动会计人员的工作热情。如拱墅区教育系统自2016年以来,每年评选"优秀报账员",鼓励报账员认真工作,创先争优,激励作用明显。

提高财务人员的工资待遇。从2014年以来历次事业单位工资调整改革拉大了会计系列人员与教师的工资差距,建议适时调整会计人员在绩效工资考核中的系数,适度向财务岗位倾斜,有条件的情况下设置岗位津贴,切实提高会计人员的待遇水平,增强会计队伍的稳定性和凝聚力。

4. 培养应用数据的素养,加快角色转变

新时代,会计人员必须对大数据、云财务、区块链和共享财务带来的积极变化持开放态度,明确反映、控制、报告、预测是会计的重要职能,树立"以数据为中心"的观念,积极培养应用数据的素养。在不远的将来,教育系统财务工作将迎来重大变革,会计人员应加快自身角色转变,主动武装自己来应对变革,认真学习新技术、新业务,积极传递提质增效意识、节约意识、学习意识,加强内部控制,科学有效安排预算,用制度管事做事,从而更好地推动学校的教育教学事业发展。

（原载于杭州市教育科学研究院编《杭州教育科研年度报告》,吉林大学出版社2020年版）

撤市设区后学校会计队伍的现状分析及思考

——以杭州市富阳区学校为例

郭建平 吴 艳

一、调查对象基本情况

本次调查借助问卷星,减少他人干扰,样本全是学校一线财务会计,收到162份,调查对象包括直属单位14人,幼儿园46人,小学62人,中学23人,高中15人,成校2人,涵盖整个富阳区中小学校。从问卷的分析看,队伍有战斗力和非常强的可塑性。富阳区会计队伍的基本情况如下。

80%为本科学历,88%为教师编制,专业职称71%是教师中级。虽是教师编制,但70%都持会计上岗证。富阳区对会计持证上岗非常重视。

从事会计工作5~10年的达24%,10~19年的达30%,半数以上稳定从事会计工作,实属不易。稳定性非常强。

问卷显示,自我评估能胜任财务工作的有75%。老师对这份工作自信心非常强,工作开展顺畅。

关于工作任务,在上课的情况下兼职会计工作,绩效奖励满意度有51%;但49%不满意是意料之外,占比过大,影响工作积极性;53%的老师对现职工作分配任务满意,表示可以继续干,工作动力受到影响小。

取得会计证的老师参加继续教育天数能保证5~10天的占58%以上,落实会计人员继续教育的政策到位。

对会计工作知识的需求,82%老师选择会计专业能力,74%老师选择支出标准学习,79%选择财务管理,55%选择审计知识。老师对会计工作的状态非常好,对会计专业知识的渴望也强烈,对财务知识缺乏有学习的需求。

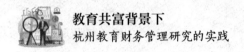
关于在未来工作中,我们需要为您提供什么样的帮助和支持,您还有什么好建议,有什么困惑,30%老师没有填,70%的老师进行正面回答,内容也正能量,没有负能量回答。老师对从事会计工作的价值认知、存在困难和学习期望比较准确,出现许多关键词:多培训、专业指导、支出标准化、同行分享和团队协作等,说明老师有主观需求探究会计工作,更多喜欢实务操作培训,希望自己做好会计工作,没有被不和谐因素所困扰,工作态度非常端正,以光明思维营造和谐的财会工作环境。

二、调查的问题和分析

整支队伍知识层次高、素质高,非常有可塑性的。由于是老师兼职会计工作,较多的时间会放在教育教学上,问卷中反映的问题有:

年龄稍偏大,41~50岁达58%。会计工作原本是越老越吃香,但在这个数字化转型、数据和数据技术加速渗透工作中,信息化、政策快速变化、做账方法变更,使他们力不从心,无法跟上这个数字时代。

财务人员中教师占比88.27%,专业财务人员8.64%;从事财务工作10~20年以上的老师有40%多。部门预算、国库集中支付、政府采购、政府会计制度、经费绩效和内部控制等政策执行,那种"靠经验""凭感觉"的方式是行不通,必须要善于学习、勤于学习,摒弃惯性思维、老观念,运用新技术、新方法,提高财务管理水平。

73%的老师在做烦琐而又专业的财务之外,一周还兼上5~10节课,严重地影响财务工作的质量,会计工作只能应付。完成任务式的工作,数据的准确性、真实性无法保证。

我们的老师在上课和做会计工作外,还要兼职其他工作,如工会、食堂、固定资产管理、工资统计等。因此,有48%的老师对绩效奖励不满意,影响会计工作的质量。

88%老师身份的有着良好的教育素养和文笔功底,但在工作中99%的老师从来没对财务工作进行反思或写过财务相关文章,对会计工作缺乏思考研究。

对现职工作满意度情况,有24%不满意继续干,22%要求转岗,这种工作情绪影响会计工作的开展。

关于会计继续教育,有31%的老师从来没有进行培训,说明我们的会计专业培训有限,对会计工作质量提升极其不利。

三、调查后的思考

会计人员大数据思维、向管理会计转型要成为标配。

1. 管理层应重视会计工作的基础,正确定位会计工作价值创造的能力,引导会计工作进行数字化转型。从共享数据、提升效率和提升会计信息质量要求出发,推动管理会计应用,以先进的数字技术来推动业财融合,打通部门间的信息壁垒。招聘专业会计人员从事学校财务工作、建立会计核算中心,提高整个区域的会计信息质量。

2. 2019年新颁发的《政府会计制度》实施,对中小学校财务管理产生了深远的影响。《政府会计制度》要求预算会计与财务会计核算双轨制,财务会计要编制现金流量表、收入费用表等,对兼职会计提出了更高要求。因此要进行专项培训和学习,提高成本核算意识。

3. 主观题,老师提到更多的是规范财务操作流程和政策解读,认为片组交流是提高财务管理的抓手,采取交流、集中培训和理论研究相结合的方式,走出去或请进来形式,到先进学校去取经,聘请行家来做指导。不断加强国家财经法规、财务专业知识学习。

4. 建立长效激励机制,以点带面,提高财务人员素质。教师会评出优秀班主任或教师。而会计队伍中也有不少精英、骨干,在兼职财务岗位上日夜奋斗,应评选"优秀会计",树立标杆,激发内心的热情和动力。

5. 实行会计轮岗制度。长期在一个岗位上,会渐渐地失去对工作的热情和创新性。每5年进行轮换,可以让财会人员全面了解每个岗位特点,熟悉财务管理和会计业务,实施AB岗,避免岗位腐败风险,实现财务人员的可持续发展,提高工作积极性。

四、结 语

会计工作是学校重点工作之一,也是一项基础工作,它不仅关系到教

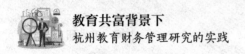
育事业的发展,也关系到富阳区整体发展。建设一支强而有力的会计队伍,是教育事业谋求发展的重中之重。只有强化会计队伍,使其适应社会经济日新月异的发展,学校才能树立起更好的社会形象,缩短和主城区的学校的差距。总之,为推进学校建设、提升基础教育高质量,真正把教育打造为富阳的"金名片",我们财务人要做出自己的努力。

(参考文献略)

(原载于《商业 2.0(经济管理)》2020 年第 4 期)

业财融合下学校财务人员转型及发展路径的探析①

施桂萍 陈 斐 钟 毓 杨倩雯

为促进学校管理会计工作,提升内部管理水平,财政部于2016年6月22日制定了《管理会计基本指引》,指出管理会计的目标是通过运用管理会计工具方法,参与单位规划、决策、控制、评价活动并为之提供有用信息,推动单位实现战略规划,单位应注重管理会计理念、知识培训,加强管理会计人才培养。

业财融合,是学校的业务管理和财务管理的有机融合,学校财务人员的工作性质应逐渐从传统的核算会计转变为管理会计。业财融合背景下对财务人员的培养方向,必定是由财务会计方向到管理会计方向进行转型。财务要融入教育教学业务,由事后监督向事前预测、事中控制、事后监督转变,全程参与学校管理,给财务人员提出了更高的要求。

一、现状分析

数字化转型加速财务人员更新佚代。随着科学技术的发展以及大数据概念的应用,学校在新背景下没有做出快速改革,财务人员对数字化重视程度不够,对数字化运用能力不足,不能自我迭代学习能力则将面临淘汰。

财务人员知识结构跟不上转型需求。目前学校大多数财务工作仅于基础财务审核,典型的事后监督,拘泥于财务领域老三样"成本、预算、绩效",传统财务人员已经无法满足业财融合的需求。

---

① 本文系2020年浙江省教育会计学会资助立项课题成果(课题编号:ZJKJ20085)。

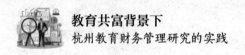

学校的管理会计人才培养经验匮乏。学校在管理会计人才的培养上的经验相对匮乏,并未形成全方位的战略方针和培养计划,思想不够超前,行动不够迅速,管理层面缺乏认识,所以无法对财务人员提出更高的要求和合理的建议,很难培养出管理会计人才队伍。

二、发展路径

(一)理念转变

1. 转变工作方式

财务型会计向管理型会计转变。学校财务人员不仅需要有专业理论支撑,也要有管理思路指引,用管理会计的思维进行工作。财务人员要树立"财务无处不在"的管理理念,积极为学校管理决策提出建议,进行数据分析和预测,控制项目成本,开展预算和绩效管理,预警和化解财务风险,协助制定学校内控制度,促使学校持续健康发展。

2. 精准角色定位

管理型会计需要明确自身定位。财务人员在面对财务工作多元化,要将自我定位成为管理会计角色,加强对自身管理会计技能的培养。管理者要确定发展战略,根据财务人员制定的个人成长规划,通过普及培训或个性化培训,让财务人员更明确自己的定位和成长方向,培养适应新时代需求的财务人员。

(二)知识拓展

1. 改良技能结构

财务人员在面对财务工作多元化,要将自我定位成为管理会计角色,加强对自身管理会计技能的培养,其中包括认知能力,信息搜索、分析、加工、洞察能力。学校财务人员在面对相关内外部利益时,不仅要报告学校当前的运行情况、现金流量和财务状况,还要为学校内部管理提供各项综合信息,包括预算管理、价值链分析、绩效评价、基于业务活动的成本核算和质量成本管理等。

2. 贯通知识层次

许多学校逐渐认识到,积极融入业务管理的财务人员能够有效提高学校的财务管理水平。为了实现学校资源的有效整合优化,学校应当不断推动财务人员积极融入业务中,强化对财务人员管理会计方向的培养。一方面,财务人员应意识到业财一体化对学校的重要作用。主动出击,深入了解学校的各项业务,每项业务中积极发挥自己的专业能力,加速两者融合。另一方面,财务人员不应该只专注财务管理范畴,还应该加强与各部门的沟通协作能力。财务部门与业务部门进行有效沟通是业财有机融合的前提,财务人员应与业务部门就财务数据和信息进行沟通,帮助做好专业的建议。

(三)行动变革

1. 创新管理模式

信息技术的高速发展为学校业务和财务资源整合奠定了坚实的基础,有效利用大数据创新管理模式,实现业务、财务和信息技术3个方面相互融合。

(1)全面掌握信息数据。包括指标预算、固定资产、人力资源、合同管理和费用报销等各项业务,充分掌握各类信息数据线索。

(2)统计分析信息数据。包括资金分析、成本分析、财务分析和预算分析等。

(3)有效利用分析结果。对业务和财务数据能够迅速准确处理工作,对相关业务和财务提出可行的解决方案。

2. 拓宽工作内容

"校长必须懂财务,财务必须要懂业务。"在教育教学上,校长是行家里手,在财务规范上,会计是专业专家。学校的管理,需要财务人员为校长提供专业的有价值的建议,财务必须要懂业务,站在业务的角度去分析问题。

(1)拓宽职能拓展服务。加强各项相关业务的理解和掌握,真正为学校服务,将财务有效融入业务中,借财务专业人员的能力实现学校增值。

(2)深化合作深入管理。管理会计可以有效完成自身财务管理和会计管理工作,与学校其他部门进行深度合作,从而提升学校的业务管理和财务管理水平,增强学校的核心竞争力。

(3)熟练运用信息技术。在新时代业财融合背景下,财务人员必须学习并精通财务和各项办公软件,将软件运用与信息技术相结合。

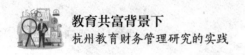
（四）评价激励

1. 构建胜任框架

胜任力是指与工作或工作绩效直接相关的能力等,能够较好地预测实际工作绩效。在业财融合背景下,将绩效管理胜任评价各个环节相结合,积极构建四个环节多维评价。

（1）计划。结合单位中心工作目标,确定构建知识体系、专业技能、沟通能力、创新能力、团队合作五个维度胜任能力框架。

（2）管理。通过日常财务工作,加强业务的指导,提高财务能力,加强过程监督和事后评价。

（3）考核。根据五个维度通过基本功比武、服务单位满意度测评、教育财务研究、工作量绩效评价等,评价业务胜任能力。

（4）奖励。根据评价结果对财务人员进行奖罚,以达到激励与督促的作用。

2. 规划发展道路

制定单位财务人员队伍发展规划,逐渐优化提升财务人员队伍素质。

（1）引导职业规划意识。财务人员主动学习、获取、自觉纠正的良好氛围,推进继续教育和内部辅导,提高综合实力。

（2）建立内部轮岗制度。在业务和财务人员岗位之间进行合理配置,同时依托岗位轮转增强人员对业务的理解能力和财务的风险意识。

（3）走出中心开阔眼界。多参与学校业务层面的业务培训,多看看同样层面结算中心的道路规划。

三、结　语

"财务要懂业务",将财务融入业务,学校财务人员要从海量的数据中敏锐地捕捉到业务信息,进行分析预测,给学校管理者提出可行性建议,使资金使用效益最大化。我们财务人员不做数据的搬运工,做数据的整合者,玩数据的"艺术家",为教育高质量发展奉献教育财务人的智慧。

（参考文献略）

（原载于杭州市教育局计财处《教育财务管理研究》2021年总26期,《科学导报》2020年第54期发表）

区划调整背景下教育财务团队建设研究[①]

——以××区为例

陈赞迪 占丽萍

2021年4月9日,国务院批复同意杭州部分行政区划优化调整,其中原A区、原B区撤销,设立为新的××区。对于教育财务工作而言,区划调整后需要快速整合相关资源,继续有序开展工作,将对学校日常事务的影响降到最低。财务团队建设是财务整合工作中的关键一环。与群体或个体相比,团队在目标导向、责任要求、技能协同等方面具有明显优势,更有利于组织目标的实现。财务团队不是财务人员的简单集合,而是基于共同的目标,通过成员之间的任务协作、技能互补来完成财务活动的一种工作组织。本课题以××区为例,探寻在区划调整背景下如何整合教育财务人才资源,做好人才培养和团队建设,从而更好地为新区域的教育发展服务,也希望为同样面对团队重建、人力资源整合难题的决策者提供参考。

一、基本情况分析

(一)原两区教育财务队伍概况

建设新区域的教育财务团队,需要做好财务队伍融合,而队伍融合的关键在于找出原两区队伍的差异并制订对应的融合对策。原两区教育财务队伍均由三部分组成:教育局财务主管科室、财务核算机构(核算/结算中心)、学校财务人员。原两区教育局财务主管科室的工作职责差异小,但是

---

① 本文系浙江省教育会计学会2022年度立项课题"区划调整背景下教育财务团队建设研究——以××区为例"(课题编号:ZJKJ22070A)研究成果。

财务核算机构、学校财务人员的工作内容差异较大。具体来说,原两区教育财务工作采用不同的结报模式,原A区核算中心主要负责结报审核,学校设置会计岗和出纳岗,学校财务承担了较多任务;原B区学校仅设置报账员岗,结算中心任务范围更广。上级部门综合考虑各方面因素,决定区划调整后采用原B区的结报模式,即结算中心履行会计职责,学校仅设置报账员岗。在此背景下,原A区核算中心人员岗位职责扩大,由于核算中心超92%人员在45岁及以上,且多数由教师转岗,因而需要较多时间去学习和适应新的岗位内容;另一方面,由于岗位内容增加,原A区核算中心会计负责学校数量缩减一半左右,新的结算中心需要新招入10余名会计,新会计的培养对于教育财务团队发展至关重要。

(二)区划调整背景下教育财务团队建设条件分析

Strength(优势)	Weaknesses(劣势)
·原A区学校财务人员数量充足,可择优留岗或招入结算中心 ·原两区的业务流程、处理方法不尽相同,通过交流比较,可选择更好的方式方法	·部分人员工作内容调整、工作量变化,导致不适应感,队伍不稳定性增加 ·执行制度统一后,财务人员学习任务加重,对报销人员的解释工作量大,易致消极情绪积累
Opportunities(机遇)	Threats(挑战)
·数字财政建设不断推进,财政系统全方位、系统性、重塑性改革,各类信息化智治系统的应用有利于财务团队的整体发展	·财政紧平衡状态持续存在,教育资金拨款收紧、学校决策者人员流动、绩效意识增强、资金使用规则变化等因素,对财务管理服务水平提出更高要求

图1　区划调整背景下教育财务团队建设条件SWOT分析

运用SWOT分析区划调整背景下××区教育财务团队的建设条件,如图1所示,内部优势、劣势兼有,外部机遇、挑战并存。具体来说,区划调整后,由于采用集中结算模式,财务人员数量较为充足,可以集中优势人力资源,采用优势工作方法来建设新团队。与此同时,财务人员岗位职责、工作量变动所导致的不适应感,以及应对教师不理解所积累的消极情绪,会增加团队的不稳定性。从外部环境来看,财政系统全方位改革,预算管理一体化、浙里报等新平台推广使用,数字化、智能化水平提升,给团队建设创造了良好的外部条件。但当前财政收入增长面临较多不确定性因素,教育资金拨款收紧,学校决策者绩效意识增强,而区划调整后学校决策者流动、资金拨付和使用规则变化等因素,都对财务人员的数据分析能力、对团队的管理服务水平提出更高要求。

二、团队建设的基本思路

(一)以人为中心要素

任何一个团队的中心要素都是人,财务团队建设的核心是财务人员。财务人员只有认可团队存在的价值,才愿意为团队发展付出努力。财务人员的个人能力、职业素养、创新意识、合作精神等因素直接影响团队建设水平高低,如何让成员认可团队,并在团队中找到自己的位置和价值,是财务团队建设的重要任务。一方面,了解每个成员的性格特征、能力基础,为其发挥个人优势创造机会和平台,深入挖掘其潜能,将其个人成长与团队发展方向相统一;另一方面,充分考虑团队建设和运作的系统性,注重成员之间的技能互补和任务协作,建立和优化财务团队能力体系,实现团队综合能力最大化。

(二)以平稳过渡为主要原则

区划调整后,相关部门和资源的整合需要一段磨合期来达到最佳状态。磨合期间若动荡过大,将导致部门运行效率差,制度规范遵循度低,严重影响教育财务服务质量,甚至可能影响学校日常事务。因此,在新区域教育财务团队建设过程中,应把平稳过渡原则放到重要位置,综合考虑各方面不稳定因素,减少因原两区情况差异而引起的冲突,尽可能保证财务队伍的相对稳定。一方面,从具体工作需要出发,保留重要岗位人员,各项工作不脱节,为团队重建打好基础;另一方面,确定过渡期的具体时间,公开过渡期的整合顺序和流程,使财务各资源相关单位可以提前准备,心中有数,行之有序。

(三)以系统明确的制度为重要保障

"经国序民,正其制度。"原两区所执行的财务制度不完全一致,对于区划调整后的财务团队这一艘船而言,统一明确的制度体系就是其在大海中航行的灯塔,指引每位成员的行动方向。首先,有必要将学校日常业务报

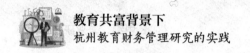

销相关制度进行统一,使业务执行有准绳。其次,有必要比较原两区教育财务工作的优缺点,优化工作方式方法,使业务操作有章法。要想充分发挥出团队作用,还需要建立起一系列与团队建设相关的制度,通过制度的制定和执行来实现团队的规范管理。

(四)以团队可持续发展为基本导向

《政府会计制度》的实施、信息化智治系统的应用,给教育财务人员带来了新思维,而各类常规、非常规的财务专项检查更为频繁,又给整个教育财务队伍带来了较大压力。教育财务团队的建设可以让全体财务人员拧成一股绳,以团队的形式去互相学习、彼此支撑、共同成长,从而更好地应对政策性因素、信息化变革等带来的一系列挑战。外部环境仍在不断变化,驱动着财务团队的适时改变和长远进步。个体的力量太小,有必要建设一支具有凝聚力、执行力、应变力且可持续发展的教育财务团队,给团队注入活力,促使团队发挥更大的效能。

三、团队建设的路径思考

(一)多管齐下,全力推动团队融合

财务人员在年龄、性别、学历、性格、经验等方面存在巨大差异,对于一支区划调整后重建的财务团队而言,团队优势发挥的关键在于团队融合。财务团队的总体目标应包含成员个体目标,充分考虑个体的动机和需求,寻找和创造团队融合点。

首先是业务融合。明确不同财务人员的岗位职责,制定职责清单,过渡期间保证每位原A区核算中心会计、学校报账员都有熟悉新模式的时间和条件,在条件成熟后实现职责内容完全统一。其次是管理融合。结合原两区的好做法,集思广益,充分征求建议和意见,形成统一的管理方法、工作标准和业务流程。再次,如何让团队成员跨越个体意识,形成团队整体意识,其重点在于情感融合。情感融合的前提是充分且良好地沟通,应搭建财务人员沟通平台,包括但不限于组织培训、团建、考察实践等各种形式的集体活动,建立大小规模的业务交流群,结算中心层面的原两区会计结对、座位融合等。通过长期的业务与情感沟通,增强团队成员之间的信任

感,进而提升团队整体凝聚力。

(二)逐步优化人员结构,提升团队功能

与群体或其他组织相比,团队的一个重要优势是成员结构更为牢固,能力搭配更为合理。××区教育财务团队面临重建重组,学校财务数量缩减,结算中心人员增加。在人员增减过程中,应立足当前情况,择优留岗或招入结算中心,优化人员结构因素,充分发挥团队的协作性。如年龄应避免过于高龄化或过于年轻化;适当增加男性财务人员,促进男女比例均衡;财务管理是一项综合性管理工作,需要会计、审计、工程管理、采购管理、计算机应用等不同专业背景的成员搭配合作,互助互补,事半功倍。

一个好的财务团队的人员构成应当是有层次的,包括财务专家、管理骨干、业务人员。财务专家是团队的领头羊,既具有扎实的财务理论知识,又积累了丰富的业务实践经验,能洞察政策导向,从全局角度去引领团队发展。财务管理骨干是中坚力量,具有多年财务管理经验、较强信息分析能力、较高风险防范意识,能处理重大财务问题。业务人员是团队的基本组成,所有财务工作离不开业务人员,业务人员通过自身努力不断成长。搭建好团队结构基本框架后,畅通人员"上下"渠道,为一线财务人员成长为高层次人才创造有利条件,选优配强,为团队功能的提升提供驱动力。

(三)建立全面具体的制度规范体系

制度规范体系的构建是团队建设过程中不可或缺的一部分,成员行为是否有统一的标准来引导和约束,对团队价值的实现非常关键。要将原两区的财务人员从思想上、业务上都统一到同一方向,离不开明确的业务规范和有效的团队制度。

首先,在团队内建立业务规范起草小组,充分听取各方面意见,通过一定时间的交叉学习后,编制全面具体的业务结报指南,对日常重要经济业务的规定进行解读,对报账所需附件进行明确,并定期不定期进行修订和完善。建立制度资源库,作为结报指南的补充,更完整、更及时,在资源库更新和增补时及时提醒,为财务人员学习和理解制度提供参考。在业务规范统一的基础上,构建财务团队建设的制度体系,包括基本章程,明确团队

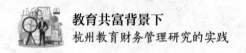

目标、管理方法、岗位设置和职责等;用人与培养制度,规范人才培养方式和选拔流程;评价和激励制度,规定绩效目标要求,拟定各种激励政策,如业务突出、管理突出、团队贡献突出、研究成果突出、片组集体荣誉等各种奖励,鼓励成员为团队发展作出贡献。

(四)完善财务团队能力培养方式

团队成员工作经验不一,能力结构不一,整齐划一的培训内容无法满足不同成员的培训需要。如何让不同成员将学习成果转变为个人能力展现,是团队能力培养的重点,为团队可持续发展提供前进动力。

首先,有必要实行分层次、分阶段的差异化培训。如对于财务专家,培训内容可偏向于财务管理先进方法、宏观政策导向、政策前沿等方面,为其全局考虑团队发展提供思路;对于新入职人员,采用分阶段的渐进式培训,入职初始进行上岗培训,熟悉岗位后再进行系统性培训,便于其查漏补缺,快速精进技能,同时建立师徒结对培养模式,以传帮带机制助推新人成长;对于能力短板明显的财务人员,针对性进行点对点培训。其次,建立常态化培训机制,结合当期工作重点难点,通过经常性的经验分享,将个人经验转变为共性问题解决的钥匙,一方面营造沟通良好、互相学习的向上氛围;另一方面也放大了个人能力价值,提高了团队整体工作效率。

(五)创新财务团队管理模式

如何调动起成员的积极性,增强团队的凝聚力是一个难题。团队里最多的业务人员是来自学校的报账员,因此,团队管理首先需要考虑报账员群体的组织管理。结合地区情况和教育财务工作特点,可采用"双片组"财务团队管理模式。

财务团队"双片组"分别是日常业务片组和团队运行片组。其中,日常业务片组以日常业务完成为目标,1名结算中心会计和所负责学校形成1个片组,结算中心会计负责片组内的问题解答和反馈。团队运行片组以团队共同发展为目标,是团队的核心运行框架。根据学校属性、地理位置,将每8~12个学校划分为1个片组,每个片组指定1名业务经验丰富、管理能力较强的报账员为片组长,负责组织片组定期学习交流活动,并在重大任务时将片组员集中在一起,互帮互助,共同完成任务。片组长还负责汇集

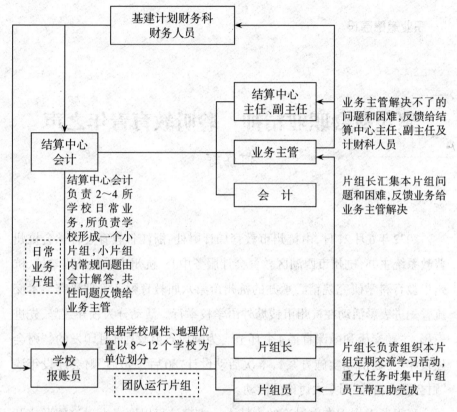

图2 教育财务团队"双片组"管理模式

片组内的问题和困难,反馈给业务主管解决,业务主管无法解决的难题进一步向本级领导和上一级反映,形成"日常业务有指导、团队运行有依靠、互帮互助互支撑、共担共享共成长"的良好团队氛围,切实发挥出团队作用。

（参考文献略）

（原载于杭州市教育局计财处《教育财务管理研究》2023年总30期）

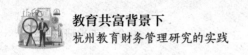
▷ 职业道德建设

聚焦财会职业精神　聆听教育青年之声

何嘉辉

2022年6月21日，由杭州市教育局计财处、浙江省教育会计学会杭州普教系统主办，杭州市西湖区教育会计服务中心、杭州市钱塘外语学校、杭州市教育科学研究院精心承办的杭州市第六届教育财务管理研究学术交流暨先进表彰活动在杭州市钱塘外语学校举行。活动分为领导致辞、先进表彰、主题交流和微课直播4个环节。为响应省财政厅4月印发的《"财会建设年"主题活动实施方案》，本次活动设计"80后""90后"财会建设年谈"财会职业精神"圆桌大讨论的活动。

我很荣幸作为本次讨论的主持人。本次论坛以圆桌大讨论的形式开展，来自市直属、余杭区、拱墅区、西湖区、上城区学校或直属单位的6位财务青年，结合自身工作实践经验，分享对财会职业精神的认识与思考。在实战前夕，我和参与圆桌讨论的小伙伴们进行多次的沟通与交流，相互调整与完善各自的主题内容。在郭建平老师的组织下，我和小伙伴们进行预排，以确保活动当天将最真实、最前沿的基层教育财务人所思所想呈现在领导和广大财务同仁的面前。

圆桌讨论以我的财会工作数字化转型为切入点，小伙伴们分别从工匠精神、廉洁自律、绩效意识、诚信为本、科研精神等5个角度阐述自身对财会职业精神的见解，发出属于我们教育财务青年的声音。这种新颖形式是我从未接触过的，通过面对面交流情景模式，将我们内心想法传递出来，本身就是对我们的一次考验，锻炼我们的沟通与表达的能力，有利于拓展我们的发散性思维。通过圆桌讨论的平台，也让领导和前辈们深层次地了解我们新一代教育财会人在工作中的真实想法,并对我们提出相应的意见与建议,帮助我们快速地成长。

本次财会建设年"财会职业精神"论坛的圆满完成,离不开郭建平老师的精心策划与组织,也离不开小伙伴们的辛勤排练与磨合,这是我财会人生中不可或缺的里程碑。就如我在圆桌讨论结束语中所提到的"希望能办更多的交流活动,共推教育财务人的成长",我们教育财务人的成长离不开领导们的帮助与前辈们的指导,只有不断地锻炼自己,提高自己,才能在财会之路上从"稚嫩"走向"成熟"。

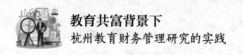
奋发踔厉勤反思　行稳致远守初心

骆　敏

2022年6月21日，我很荣幸参加了杭州市第六届教育管理研究学术交流活动。会议持续一整天，采用线上和线下相结合的方式进行，来自全省近300位中小学校教育财务人员进行研讨学习和线上观摩，我在现场也感受到了这次活动的隆重，感受到了我们对承办这次活动的重视。

上午，进行了省市先进集体和个人的表彰仪式。让我印象深刻的是杭州市教育局计财处邓冬青处长的讲话。他说，面对日益增多的外部约束、日益复杂的财务要求，财务人员更需要提升业务素养，判断形势变化，找准发力点，关注热点。这给我们财务人员敲响警钟，财务人员不该仅停留在手头的记账工作，要多学习多思考，要充分发挥财务的"管理职能"。我们中心的施桂萍主任关于"财务研究与团队发展"的发言，则帮我解开了为什么在工作之余还要做研究的疑惑，那就是基于需求，基于发展，为了实践。

在表彰仪式上，看到那么多财务小伙伴获得科研创新的荣誉，我备受鼓舞，同时也佩服他们精益求精的探索精神。下午，听了几位同事的开题论证和专家的解析，学习了很多，也收获了很多，我觉得这是种非常好的学习方式。结合自己在本科期间写论文的经验，可以对比出工作和学习期间的相似或不同，有利于更好地将理论运用于今后的实践当中去。

和参与其他活动不同的是，这次我也是活动的主角，我要上台发言。活动有个环节是"财会职业精神"圆桌大讨论，我和一群同龄小伙伴一起，讨论交流我们心中的"财会人特质"。

刚开始接到这个上台发言的任务，其实我内心是有些抗拒的，很多年没有在人群面前发言了，担心自己表现不好，更何况是代表西湖区在其他区县的会计、领导们面前讲话，真是想都不敢想。这是我到中心的第一年，工作经验、业务能力都是比其他小伙伴差一大截的，我说什么呀？我说的话会有人听吗？虽然是抱着这种忐忑的心理，但我还是硬着头皮上了。

没想到写稿子的第一步就卡住了。在缺乏相关经验的情况下，我凭着自己对会议的理解写了稿子，当时没意识到是圆桌讨论的形式，稿子过于书面，在发给主任审核的时候就被"泼了冷水"。但好在，施主任有非常深厚的文字功底，给我解释了圆桌讨论的形式，还发送了之前中心制作的视频供我观看，帮助我打开思路。这么一番下来，我清晰了不少，也就很快修改好了稿子。

在线上模拟演练的时候，稿子虽然还需要修改，但也得到了郭建平老师的肯定和鼓励。之后，我多次打磨稿子，但都在那次主任帮助我的基础上，进行修改，最终才有了发言当天的那篇讲稿。我知道，虽然那篇稿子算不上最佳，但确实是自己经过多次修改才有的成果，加上会议当天，我的表现也还算顺畅，会议结束后，我心中还是有一丝小小的成就感。我把会议当天拍的照片发给了我的父母，他们表示必须点赞，也为我感到骄傲，希望我可以再接再厉。我觉得这次经历特殊而有意义，让我体会到了有尝试才有收获，有付出就会有回报。

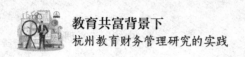

燃青年财务思想之火　助财会发展燎原之势

李 岳

2022年6月21日上午,杭州市第六届教育财务管理研究学术研讨暨先进表彰大会于杭州市钱塘外语学校报告厅隆重召开。浙江省工业大学计财处处长、浙江省教育会计学会秘书处处长何兴、杭州市教育局计财处副处长邓冬青、西湖区教育局计财科科长葛宝根莅临会议并致辞。这场由浙江省教育会计学会理事、副秘书长郭建平主持,各区教育会计工作者共同参与的财务盛宴在线上线下同步开展。

活动先对浙江省教育会计学会2013—2020年度学会工作先进集体及个人、杭州普教系统2019—2021年科研工作先进集体、教育财务科研标兵、科研先进个人及教育财务科研组织工作奖等进行授牌和颁发证书。肯定了基层财务人积极上进的努力和成果,也为其他奋斗在教育财务岗位上的同仁树立榜样。

而作为教育财务基层工作者的一员,我很荣幸参加此次活动,并在后续的"财会职业精神"圆桌大讨论环节中分享我对财务精神的看法。我从培养绩效精神、树立绩效意识的角度,粗浅讨论财务工作者在日常工作中应当具备的特质。其间,其他小伙伴们还从财务工作数字化转型、工匠精神、廉洁精神、诚信精神、科研精神等多个角度分享自己的见解。这场交流是财务青年们对自身财务工作的回顾,是对财务建设发展的独立思考,是基层一线财务向行业专家转变的一次尝试,是做"沉下去能干,坐下去能写,站起来能说"的新型教育财务人的有力体现。我们就像散落在各区财务工作队伍中的星星之火,希望点燃一线教育财务工作者们的工作激情、科研热情,既为"财会建设年"后续燎原之势的发展贡献力量,也为我们实现个人价值,助力中国梦交出属于教育财务人的答卷。

再次感谢杭州市教育局计财处提供的平台,希望以后能有更多财务交流的活动,让同行听到杭州教育财务的声音。

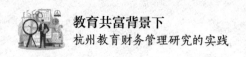

碰撞财务科研思想　共享财会职业精神

严婧维

2022 年 6 月 21 日,由杭州市教育局计财处和浙江省教育会计学会主办、杭州市西湖区教育会计服务中心和杭州市钱塘外语学校承办的杭州市第六届教育财务管理研究研讨会顺利召开。活动由浙江省教育会计学会理事、副秘书长郭建平老师主持,通过线上和线下相结合的方式,搭建全省教育系统财会人员共同学习交流的平台。

此次活动分为领导致辞、先进表彰、圆桌讨论、课题交流、微课分享等环节。作为西湖区教育会计服务中心的一分子,我很荣幸参与了此次研讨会活动。一方面,作为幕后的会场工作人员,在现场充分感受到与会人员对此次活动的用心付出与真切期盼。莅临的各位领导对教育财务管理研究的发展予以肯定与重视,对一线教育财会人员未来发展的希望与期盼,使大家备受鼓舞。各区科研先进工作者与先进集体在忙碌的工作之余不忘投身课题研究,激励教育财会同行共同成长,为教育财务管理的发展助力。各区代表的课题论坛、本区小伙伴的开题论证与公益微课的分享,使我们在优秀的研究成果中拓宽科研视野,在专家的深刻点评中锻炼科研思维,在榜样的坚实力量中汲取更多知识,获取学习的动力与能量。

另一方面,作为圆桌讨论活动的参与者,与来自市直属、拱墅区、上城区、余杭区及本区的 5 位"80 后""90 后"的小伙伴们,就财会建设年"财会职业精神"开展圆桌形式的现场讨论。我们分别以数字化转型、绩效精神、工匠精神、诚信精神、廉洁精神及科研精神六大主题进行财会职业精神的观点分享与讨论。其中,我对教育财会人员在职业发展道路中应不忘科研阐述了自己的见解。对于第一次参与研讨会的我来说,从选定主题到线上交流磨稿、线下熟悉排练,再到最后上台分享,都是一次次综合素质的锻炼与考验,也是向其他优秀同伴学习进步的机会。同时,也使我对财会职业精神有了更深刻的理解,"既要脚踏实地,也要仰望星空",扎根扎实会计工作,培养提升职业素养,紧跟时代发展步伐,做一个内心充盈的专业教育财会人。

本次研讨会是各区教育财会人员智慧结晶的碰撞与融合,感谢杭州市教育局计财处与浙江省教育会计学会为我们教育财会人员搭建交流学习的平台,希望会有更多的教育财会人加入其中,携手共进,我们一直在路上!

2022年"财会职业精神"圆桌讨论全体合影

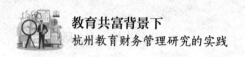

规范践行　规范宣传

何嘉辉

2023 年,财政部印发了《会计人员职业道德规范》。该规范具有全国性、指导性和普适性的特点,为推进会计诚信体系建设、提高会计人员职业道德水平提供有力的政策支撑。通过对规范的研读学习,我认为规范的"三坚三守"全方位地诠释了会计人的职业操守和道德准则。

规范从诚信、准则、学习三个层面对会计人员提出新要求,引导会计人员形成正确的价值追求和行为规范。

坚持诚信,守法奉公,从会计人员自律的角度出发,与社会主义核心价值观相契合。

公私分明是教育会计人员的从业基础。"经济法"贯穿了会计初、中级的职称考试,知法守法的我更是明了违法所要承担的后果。所以我从思想上就要营造以廉为荣、以贪为耻的师风师德,树立良好职业形象,维护会计行业声誉。

坚持准则,守责敬业,从会计人员履职要求的角度出发,不忘初心,牢筑防线。作为教育财务工作者,我要以财经法规与学校内控为准绳,树立红线意识,时刻牢记中央八项规定精神,知法守法,做好中职学校的"账房先生"。

坚持学习,守正创新,从会计人员发展要求的角度出发,与时俱进,让数据跑起来。会计数字化转型已是大势所趋,如何顺应数字化的发展浪潮是新时代会计人的"长征之旅"。我要积极获取外部知识,理解和掌握"浙里报"等数字化管理工具,逐渐从事务型向管理服务型人才转变。

通过全面理解规范内容,准确把握规范提出的要求。我既是一名"规范"的践行者,更是一名"规范"的宣传者。在这里,我倡议更多的会计同行都能参与到"规范"精神的宣传活动中来,相互提醒、相互监督、相互约束,使"规范"成为每一位会计工作者普遍认同和自觉践行的行为准则!

提高会计职业道德　树立行业良好风尚

楼　骅

《会计人员职业道德规范》的颁布，三条核心表述让我对会计职业道德有了更深刻的认识，即"坚持诚信，守法奉公""坚持准则，守责敬业""坚持学习，守正创新"。曾经看到过有人评论："会计人，因长于计算，所以精深；因职业禀赋，所以正直；因事务繁杂，所以勤勉；因责任重大，所以拥有高贵的灵魂。"这里所说的灵魂，就是会计职业道德，是会计人员职业品德、职业纪律、履职能力及职业责任等的总称。

当前影响会计职业道德失范主要有两方面原因：一是会计人员自身要求松懈，缺乏主动学习意识。也许是受到工作忙碌等方面因素的影响，部分会计人员无暇加强专业技能的提升，更不会上升到职业道德水平的学习提高。即使会计人员本身具有较强的原则意识，但受一些外部环境压力影响下，会计人员可能会改变初衷，被迫做出一些违背职业道德的失范行为，如会计资料虚假、会计信息严重失真、发生信用危机等。二是会计行业所处的法律环境对会计失信没有起到严厉的惩戒作用，未将权力关进制度的牢笼里，致使违法违规行为有恃无恐。

会计职业道德的建设提升是一个实践—认识—再实践—再认识，循环往复，螺旋上升的过程。道德，强调的是人的自律性。良好的职业道德是会计人员的立身之本，会计人员应从自省、自觉、自强着手加强职业道德修养的提高。

自律自省，慎独慎微。经常做到"回头看"，检查和反思自己在工作过程中是否存在思想松懈的地方，把党纪国法的外在约束力转化为内在自控力，始终保持清正廉洁的操守和如履薄冰的谨慎，以财税法规、党规党纪为

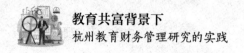

准绳,从点滴之处筑实筑牢清廉的防线,确保单位每一笔经济业务合法合规。保证做到"三真":(1)原始凭证真实。拒绝不完整、不规范、业务不真实的原始凭证。(2)会计报表真实。拒绝蓄意粉饰报表、为逃税调整报表。(3)会计报告真实。提供及时、准确的分析报告。

自觉。会计的职业性质决定会计能够掌握和了解本单位大量的内部资料和信息,这些信息一旦外泄,可能会给单位造成很大的经济损失。自觉严守机密是会计工作极为重要的职业责任和职业纪律,每位会计都应站在党和国家根本利益的高度,增强保密意识,以维护单位和国家的利益。

自强。近年来,财政国库集中支付、政府采购、国有资产管理、政府收支分类、内部控制、政府会计制度实施、预算绩效管理、预算管理一体化等系列改革紧锣密鼓进行,对行政事业单位财务人员的知识、能力和经验提出更高的要求。为使自己的业务能力能适应社会变革和行业的发展需求,会计人员要一直保持着求知的心态和良好的学习习惯,不断提升自身业务技能和工作水平。

财务工作地位特殊、岗位重要,随时和钱打交道,暗藏着种种诱惑和被权力操纵的压力,只有常怀敬畏之心,心怀对财会工作的热爱,尊重财会职业,才能全身心投入到财会工作中去,发挥自我才能,为财会事业的建设发展贡献自己的力量。

坚持学习　守正创新

张思思

大家好,我是来自杭州市拱墅区教育会计结算中心的张思思,非常荣幸能参加此次圆桌大讨论活动。今天我想就财政部日前印发的《会计人员职业道德规范》中的"坚持学习,守正创新",谈谈我的看法。

党的二十大报告中强调,我们从事的是前无古人的伟大事业,守正才能不迷失方向、不犯颠覆性错误,创新才能把握时代、引领时代。所谓守正创新有两层含义,一层含义就是守正,守正道守正确的方向,守事物的本质规律,依法依规。而另一层含义,就是创新。也就是说既要做到守正又要做到创新,对于我们会计人员来说,近些年会计工作不断转型,财务一体化不断推进,浙里报等业务迅速开展,深刻理解"不断学习,守正创新"的深刻内涵,对我们日常工作的方向把握以及工作的开展具有极其重要的理论和现实意义。

那我们应该如何才能做到"坚持学习,守正创新"呢?

一、在思想上多补钙。职业道德规范是会计人员的行为准则和精神内核,会计人员要有坚定的信念,才能经得住各种考验,走得稳,走得远。会计人员要切实加强对法律法规、职业道德规范的学习,在思想上时刻提醒自己,方能守正道,走正路。

二、在能力上多充电。守正创新需要信念,更需要本领。会计就是终身学习的职业,财经政策法规与时俱进,业财融合不断提出新要求,因此会计人员要坚持学习,汲取新知识。在学习中发挥挤和钻的精神,吃透政策;业务不断更新,更要发挥打破砂锅问到底的精神。另外,要积极主动参加教育培训,学习新知识新业务,不断提高自身的知识储备,完善知识结构。

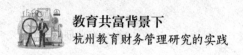

三、在工作实践中多"蹲苗"。实践出真知,实践长真才。会计工作是在长期实践中不断进步和发展的。会计人员要创新,就必须在日常工作中多"蹲苗",在一线的日常工作中激发创新的思路。随着信息技术在会计工作领域的广泛应用,会计工作内容也发生了巨大变化,所以新时代会计人员更要坚持在干中学,在学中干,不断适应新形势新要求,与时俱进、开拓创新,努力推动会计事业高质量发展。

践行"三坚三守" 争做新时代会计人员

孙淑颖

陶行知先生说过:"道德是做人的根本。根本一坏,纵然你有一些学问和本领,也无甚用处,并且,没有道德的人,学问和本领愈大,就能为非作恶愈大。"财务人员,作为单位各项资金业务的关键人员,如果不以职业道德为准绳,就极有可能做出违法舞弊的行为,造成单位甚至国家利益的严重受损。本次财政部印发的《会计人员职业道德规范》的"三坚三守",是对新时代会计人员职业道德的自律、履职和发展三要求的高度总结提炼。近年来国家陆续出台各项政策法规,来推动财务领域的职业信用建设和财务人员专业能力提升。比如,2019年颁发的《关于深化会计人员职称制度改革的指导意见》(人社部发〔2019〕8号)中指出要"突出评价会计人员职业道德。坚持把职业道德放在评价首位。完善守信联合激励和失信联合惩戒机制"。又如,2019年1月1日起施行的《会计人员管理办法》中指出,会计人员从事会计工作,应当"具备良好的职业道德"。

然而,我们总是能在新闻媒体中看到"某某单位财务人员套取单位资金多少万元""某某单位财务数据造假,造成多少财政资金流失"等等新闻。而财务违法违规行为屡见不鲜,究其原因是财务人员职业道德的缺失、法律意识的淡薄,单位内控制度不完善、财务监督流于形式,诚信激励惩戒机制的不健全、失信成本低等。为此,引导单位财务人员践行《会计人员职业道德规范》,既是响应国家政策的迫切要求,也是保障单位健康有序发展的必然要求,更是新时代财务人员实现自身职业发展的必经之路。

首先,营造良好职业道德环境,让诚信守法的观念深入人心。组织开展法律小课堂,邀请法律专业人士讲授财经相关法律法规,集中观看典型

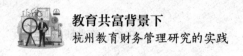
的违法失信案例,定期表彰优秀的财务人员,严惩违法违规人员,加快建立诚信档案,激励财务人员自觉遵守职业道德规范。

其次,加强内部控制建设,堵塞经济业务执行过程中的漏洞。一是要严格执行不相容岗位相分离的规定,强化岗位责任制,做好绩效考评和定期轮岗工作;二是要完善审计监督机制,设立内部审计部门,并确保内审部门的充分独立性和内审人员的专业性,同时结合实际适时开展外部审计工作,营造积极的审计氛围;三是要建立重大事项的集体决策和会签制度,强化内部授权审批控制,确保财务人员能够严格执行准则制度,敢于对违法违规说不。最后,依托继续教育的规定,加快财务人员专业能力的提升。数字化时代的到来,传统的核算型会计模式将逐步被智能化的管理会计模式取代,新时代的财务人才必须兼备会计核算、管理能力和数字思维、运用能力,同时要拥有持续学习和创新的能力。单位可以开展比学赶超的财务知识竞赛,定期组织财务知识技能培训,搭建互助共学的师徒结对模式,来提升单位财务人员的专业素质。同时,财务人员应该秉持勤于学习、锐意进取的态度,不断学习新的知识和技能。

总之,新时代会计人员必须严格遵照《会计人员职业道德规范》,诚信做人,规范做事,坚持底线,守正创新。

下编

实践研讨

▷ 杭州市第一届教育财务管理研究研讨会

交流、复盘、成长

郭建平

　　为了加强教育系统一线财务人员的业务科研能力,提升教育系统财务管理水平,提高《教育财务管理研究》杂志在全市教育系统的影响,浙江省教育会计学会杭州分会和杭州市教育局组织杭州市教育财务管理研究成员、作者、读者学习交流会。会议邀请浙江省教育会计学会秘书处孙振华处长、杭州市教育局计财处张益峰副处长参加。会上通报了2017年的省课题立项情况和开题进度,颁发2016年省市课题获奖证书;介绍2016年教育财务管理研究小组的成果、办刊工作情况,学习交流财务管理经验,参加活动的会计人员都说搞研究我们是认真的,并建议交流会常态化、制度化。最后分别由孙振华处长和张益峰副处长讲话。孙振华处长肯定了杭州分会的工作,高度评价了杭州普教系统财务课题研究的水平,同时对我们提出殷切的希望。张益峰副处长代表杭州分会感谢同志们对研究工作付出的努力,也代表普教分会感谢浙江省教育会计学会对我们普教分会工作的大力支持,提出在以后的研究中高层次和更深度地去搞研究,共创教育财会研究的新天地。会议由杭州市教育科学研究所《教育财务管理研究》执行编辑郭建平主持。

2017年第一届研讨会全体合影

127

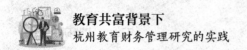
▷ 杭州市第二届教育财务管理研究研讨会

学习,一直在路上

郑 岚

首先非常感谢杭州市教育局、杭州市财政会计学会给我们基层财务人员搭建的这个平台,感谢西湖区教育局、西湖区教育局会计服务中心为本次活动精心提供的场地,让我有机会在这里和大家分享或者说交流自己在市会计领军培训和高会评审过程中的所感所想。经验谈不上,更多的是感想和体会。我说得不对的地方,请大家包涵。希望我的经历和感想,对今后参加培训或者高会评审的同仁们有一定的借鉴作用。

一、杭州市会计领军培训

(一)领军班情况介绍

背景:市财政局为实施人才战略,培养和造就一批高素质、复合型会计人才,促进我市会计队伍整体素质的全面提高,举办了会计领军人才培训班。

选拔程序:资格审核、笔试、面试、单位函调。

目前一共举办了三期。第一期是企业类,第二期行政事业类,第三期企业及行政事业混合班。我知道,今天在座的有第二期的前辈师姐,在你们面前我有点班门弄斧的意味。不过我是第三期,这个班是企业、行政事业类混合编班,和第一期纯企业、第二期纯行政事业类相比,感受尤其不同。我主要分享我在这个班里学生的经历。

培训形式:面授、现场教学、读书笔记、小组讨论。

（二）培训收获

1. 了解最新的会计理论,开阔眼界

面授。课程设置(展示一下大致的课表)。毕竟我走出大学校门已有10多年的时间,大学里学的有些知识已经陈旧。领军班课程则比较接地气,都是近些年热门的内容。除了会计专业课程外,还安排相关领域的课程。比如2016年春,全民热议供给侧改革,我们3月的培训内容,就专门安排了一天的相关课程。2017年聚焦工业4.0、中国制造2025,培训不但安排相关课程,还安排了现场教学,参观上海的某家人工智能制造企业。

现场教学。不光是理论授课,还有结合授课内容的现场教学。在两年多的培训过程中,我参加了多次现场教学。

一次是去年9月参观中兴通讯位于西安的全球财务共享中心。先由中兴通讯全球财务云副总监给我们给授课,介绍为什么做财务共享服务中心、如何做财务共享中心、如何优化财务共享中心。课后全班同学前往中兴财务云参观。作为国内共享服务中心的标杆企业,中兴通讯独创性的双屏审核模式、工作任务派单制、影像团队、档案团队、运营团队,让我大开眼界。同时也引发我的思考,对于我们教育系统来说,绝大多数学校的业务具有高度同质性,是否可以考虑引入财务共享中心,将基础财务业务集中到财务共享中心,使学校财务人员腾出更多精力聚焦业务财务和战略财务,为学校的各项决策提供财务支持呢? 如果没有这样的现场教学培训,可能不会引发我类似的思考。

现场教学这种形式,不但加深了我对原有会计理论的认识,同时通过对目前财务管理实务界热点话题的深入了解,引发我对实际工作的一些思考。

读书笔记。培训期间,培训承办机构上海国家会计学院有指定的专业书籍阅读书目,内容涵盖了管理会计、财务管理原理、风险管理等各方面。根据时间表,按时阅读完成并提交读书报告。上海国家会计学院会对上交的读书报告进行审核,查重率高或内容不合格的,都要求重写。这就要求我不但要认真看书,还要边看书边结合自己的工作实际有所思考。截止到目前,我已经"啃"了7本书,最后一本书要求6月底看完。

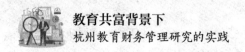
2. 认识不同行业领域的财务人员,交流业务

由于第三期是混合编班,班里同学的来源比较广。根据单位来区分,既有企业类,也有行政事业类;既有国企,也有民营企业、外资企业;既有制造业、建筑业,也有服务业、金融业等。由于领军培训的机会,我们大家走到一起。在培训之余、课后餐间,大家都非常愿意交流自己的工作情况,把自己在单位财务管理工作中遇到的问题,拿出来和大家讨论。通过这个交流讨论的过程,让我了解认识了教育领域以外其他行业和领域的一些业务知识。不同行业、不同业务领域的业务交流、思想碰撞,有时能迸发出耀眼的火花。很多以前困扰自己的问题,通过这种探讨,让我跳出原有的思维困境,得出新的思路和解决办法。此外,其他单位、其他行业的一些好的财务管理方面的经验,通过这种交流也可以借鉴到自己所在的单位。

(三)培训感想

1. 自身专业知识的不足

说实话,我们这个班2015年10月第一次集训结束,深深地触动了我。没参加培训之前,自己每天忙忙碌碌完成学校里的日常工作,感觉很满足。我认为学校的日常财务工作就这么回事,自己完全能搞定,自我感觉良好。走出去一看,我才发现,真是山外有山,人外有人。在自我介绍环节,我意识到我们班的同学中真是藏龙卧虎,有全国司法考试浙江省第一的,还有ACCA考试某科全球第一的,注册会计师更是比比皆是。此外,不少同学都是上市公司的财务总监、财务副总,他们的专业水平高,业务素质好。一比较,我才知道原来自己在专业知识上还有很多不足,还需要不断地学习提高来提升专业素养、业务水平。

2. 同学们仍然在不断学习

班里同学都是单位的骨干,日常工作繁忙,但在繁忙的工作之余,很多同学仍挤出时间不间断学习、考证。我们小组里很多比我年纪大、工作比我忙得多的同学,都挤出有限的休息时间,备考税务师、CMA,学习英语口语,甚至在我们集训期间,一有空就练英语口语、看业务书籍。和他们一比,我真的挺难为情的。看到同学们这么拼搏、这么努力不间断地学习,我是我们小组里年龄比较小的,学习劲头却没有他们足,自己也觉得挺不好意思。培训回来后,我也强迫自己多看书,多学习。

3. 业务领域不断钻研

虽然很多同学都是所在单位的高管,但是对业务的钻研从未停止。我们班的微信群里,经常有同学抛出业务问题,大家展开激烈的讨论。提出不同观点的同时,也会提供相应的政策依据、条款。我们小组的微信群里也一样。我记得2016年营改增期间,我们小组的几位同学,就非常认真,研读了很多关于这方面的文件,不仅仅是杭州市的,还包括其他省市的政策,他们把自己的解读、在实际业务中的应用都拿出来一起探讨、钻研。

4. 敬业精神值得学习

同学们对工作抱有极大热情,结束一天满满的课程后,很多同学晚上加班到凌晨。我眼中的他们,虽然工作量大、工作时间长,加班是家常便饭,常常是白加黑、5＋2,但是从他们身上传递出来的是满满的正能量,更多的是对工作的责任感。平时大家在一起交流,没有抱怨、更多的是探讨工作中困扰的解决之道。我以前在日常工作会抱怨财务没有地位、活多钱少,其实换个角度思考,和他们比比,我们的工作强度、工作压力都要小得多。在工作中少一些抱怨,多一些正面的思考,心态就会好很多,整个人也豁达一些,工作也可以做得更出色。

二、高级会计师评审心得经验分享

我是去年参加高级会计师评审的,很幸运的是去年一次性通过了。下面是我自己小小的心得和经验,供大家参考。

(一)心得体会

1. 早做准备,漫长积累,水到渠成

说到评高级会计师,我最早关注是2012年。我在2008年考出中级会计师。当时自己的想法很简单,中级考出5年,那么2013年就可以评高级了。所以我在2012年开始留意这方面的信息。在2012年和2013年分别通过了计算机、职称英语和高级会计师考试。真正到送审的时候发现,自己一没有文章,二没有用心去积累、整理评审需要的各种业绩材料,根本组织不起一份像样的评审材料。这一蹉跎3年就过去了。大家都知道,高会考

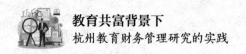

试的成绩3年有效。我的第一次高级会计师考试成绩失效了。现在回想起来,其实自己有点心急。我仅仅满足了中级会计师满5年这个基本条件,就算当时草草交了材料参加评审,基本也是评不上的,因为没有一定的工作业绩积累。所以想要评高会的同仁们,除了准备高会考试外,最好提前几年进行工作业绩的积累,方方面面的准备工作到位了,方能水到渠成。

2. 抱团学习,互通有无,共同进步

2016年,我重新参加了高会考试,这个时候我正在上领军班,结识了一大批志同道合的同学。考前复习,大家互相督促,有问题大家一起讨论。记得2016年9月考试那天,我们刚好在上海国家会计学院培训,几个人结伴往返上海杭州赶考。准备送审材料期间,大家一起讨论业绩材料如何撰写,提供哪些有效的佐证材料比较合适,甚至一个日期的落款这种细节问题也互相提醒、互相检查。现在会计人员属地管理,高会评审的材料也是报送到各个区财政局。不同区审核材料的人,标准有略微细小的差别,要求也不一样。抱团学习的优势就体现出来了,大家互相交流各自区的要求,对照自己的不足,把申报材料做得更完美一点。在这个过程中,我觉得我也成长了很多,学到很多知识。想要评高会的同仁们,也可以结伴建群,抱团学习,大家有消息互通有无,一起进步。

(二)准备评审材料的个人经验

岗位设置方面。提早了解单位岗位设置情况、早做沟通。关于岗位设置,只要是事业单位就绕不开。前年高会评审的时候需要提供由单位、主管部门、人事部门盖章确认的单位岗位设置情况表,去年没有要求提供这张表格,但是送审材料也需要单位盖章同意评审。有些学校,可能会存在以高级职称岗位已聘满的理由,不同意财务人员参评的情况。这就需要我们事先了解情况,提前和学校沟通好。否则,我们辛辛苦苦准备了材料,单位却不同意我们申报,相当于无用功。我相信财务人员大多能沟通好这个问题。

会计专业技术水平方面。一是培训学习,要求我们多参加各类高水平培训(取得培训通知、培训结业证书),参加各种高含金量的会计证书考试。二是论文,多思考,多写文章,积极参加《杭州财会》《教育财务管理研究》的各种征文活动、积极参与课题的撰写。当然少不了还要发表文章。现在高会评审对发表文章的要求比较高的,提交文章的重复率审核不通过,则直接一票否决。在这个过程中,还有个需要注意的地方,一个就是你上传的文章电子稿必须要和杂志上发表的内容一致,在上传文章前一定要逐字核对过。这个是有惨痛教训的。我们班的一个同学,文章在发表前修改了好几稿,自己忘记了,最后上传的版本和发表的不一致,导致因文章不合格造成评审不通过。

工作业绩方面。经常有人说,像学校这样的事业单位财务,每天做的都是普通得不能再普通的事情,没有什么拿得出手的工作业绩。不像企业容易有工作业绩,今天并购一个企业,明天把另一个企业做上市等等。我认为,工作业绩就是你做过的一些事情并且有相应的有效的材料来证明。我们做决算、预算,决算、预算报表上有你作为编制人的签字盖章,有学校法人的签字盖章,这个就是我们工作业绩的有效证明。此外,我们制定了很多财务制度,在正式行文签发文件的时候,有撰写人一栏,这个保留下来,就是证明这个文件是我们起草的佐证材料。我们参加某个调研、某个研讨活动,活动通知上有我们参与者的名字,都算是很好的佐证材料。这些就是我之前说的,漫长的积累过程中,需要留心收集的材料。

其实,在高会评审中还有许多需要注意的细节问题,今天我在这里和大家分享是一些大方向、粗线条的内容,今后大家如果在评审过程中有疑问欢迎问我,我仅有的不太丰富的经验也是非常愿意拿出来与大家分享的。

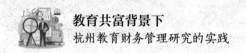

开启智慧之窗　激发研究潜能

潘雯婕

　　5月30日,在我区会计结算中心方素华副主任的带领下,我有幸参加了由市教育局计财处、市财政会计学会主办,西湖区教育局会计服务中心承办的高水准的教育财务研究学术沙龙活动。

　　此次学术沙龙别开生面地将活动地点选择在了西湖职业高级中学的嘉匠烘焙艺术学院咖啡馆内。空气中随处弥漫着的咖啡香气,使得整场活动都浸润在一种轻松灵动的气氛之中。我想,让参与者在舒适愉悦、自由放松的学术研讨氛围中互相切磋,畅所欲言,不受约束地探讨研究,或许正是主办方的美好用意所在。

　　此次学术沙龙云集了来自市里各级各部门的财务专家,纵观整场学术沙龙,无论是课题交流、经验分享、热点话题还是学术辩论,每个板块都令人印象深刻,处处都流淌着动人的闪光点。

坚守　只为那一份初心

　　财务专家们齐聚一堂,围绕西湖区教育会计服务中心近年来在课题研究方面取得的丰硕成果,做了精彩、精准的点评。西湖区教育财务人对于课题研究孜孜不倦地坚持,各级专家对于学术专业精益求精的守护,那份只为提高财务人员专业素养、更好地服务于教育事业的初心着实令人动容。

探索　终有拨云见日时

　　此次交流活动中,针对国库集中支付制度下学校预算执行内控管理的研究、学校"三公经费"及专项资金的使用、固定资产管理、食堂内部控制等课题，既围绕日常工作，又关注热点难点，做到选题精准的同时，兼顾了思维的广度和切口的深度，给予我们很大的启发。当然，问题的解决，还需要进行充分的调研，以理论数据为支撑，通过探索解决的思路与对策，拨云见日，揭开问题的本质。最终形成的课题就如同让种子回归土壤生根发芽，反哺日常财务工作，成为财务人员及学校管理的福祉。

碰撞　在对立中求共识

下午一场关于"学校实行会计外包服务的利与弊"的学术辩论将沙龙推向高潮。来自正反两方的辩手们就各自的观点展开激烈的唇枪舌剑。针锋相对中，周围的空气似乎也跟着凝固了，台下的评委观众们也情绪高涨，时而喝彩鼓掌，时而若有所思。其实，高低胜负并不是辩论的最终目的。通过辩论，对立双方亮出各自的观点，在辩证的思维中启迪智慧，引发思考，开拓思路，发散思维，在碰撞中产生共鸣，携手前行，这就是辩论的魅力与价值。

作为"90后"的财务新人，这场沙龙给予我满满的能量。在这美好的工作岗位上，我将全情投入，夯实基础，立足实践，相信只要守稳初心，不懈追求，终能等到云开月明时。

2018年第二届研讨会全体合影

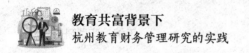
▷ 杭州市第三届教育财务管理研究研讨会

志同　道合　奉献　创新

陈　斐

2019年4月10日,2019年杭州市教育财务管理研究学术交流活动在杭州师范大学附属中学顺利召开,本次活动由杭州市教育局计财处、浙江省教育会计学会杭州分会主办,杭州师范大学附属中学承办。杭州市教育局计财处张益峰副处长、浙江省教育会计学会孙振华秘书长、各区县基财科与会计中心领导及课题研究小组成员参加本次活动。活动由杭州市教育科学研究所郭建平老师主持。

同心合意　无私奉献

活动开幕,郭建平老师介绍到会来宾,东道主杭州师范大学附属中学总务主任李烽致欢迎词。

杭州市教育局计财处张益峰副处长首先对师大附中、会计学会和各位领导表示感谢,也表达对财务人员的期盼。财务系统变化快,财务费用标准细,需要不断加强探索,加强业务能力;财务人员职业风险变大,内控制度风险点频多,风险意识要提高,廉政建设要筑立;财务人员要加强学术交流,动起笔来写一写,从量上突破,观点上多想一想,从质上提升。

浙江省教育会计学会孙振华秘书长表示,很高兴参加学术交流活动,有这样的机会把志同道合的财务人齐聚,向大家介绍学会的情况,便于加深认识和联系交流,同时也肯定浙江省教育会计学会杭州分会取得的成绩,称赞杭州普教系统学术成果的量与质不仅在全省甚至在全国名列前茅。孙振华老师指出今年科研工作重点是政府会计制度实施中的问题。

表彰仪式环节中,郭建平老师首先对2018年西湖区教育局会计服务中心承办的学术沙龙活动表示肯定,此次学术沙龙活动获得了较高的评价和关注度。接着,郭建平老师感谢省教育厅和省教育会计学会对我们的帮助和支持,感谢多年来潜心研究、无私奉献的老师。西湖区教育局会计服务中心退休的王晓霞老师多年来默默耕耘,撰写的课题多次获得高等奖项,其中2015年撰写的《国库集中支付制度下学校预算执行内控管理的研究》一文获得省重点课题一等奖,屡屡争光,张益峰副处长现场为她颁发"科研标兵"荣誉称号。现场还宣布2018年市级课题评选和发表结果并颁奖,共有一等奖3个,二等奖5个,三等奖6个。

模式创新　经验共享

西湖区教育局基财科郑顺来科长作为第一期科长论坛主讲人闪亮登场,带领大家思考"如何做好业务与财务的有效融合"。现状是财务人员工作辛苦不讨好,业务财务线互相不理解,未能真正体现绩效。专技人员怎样体现自己的价值? 如何破除各自为政的尴尬局面? 考核体系中如何体现财务岗位的重要性? 怎样从管理的角度进行财务贯穿? 一系列提问引人深思。郑顺来科长指出,业务财务融合的关键点在于将教育教学活动与背后支撑的财务管理理念相融合。观念上要有正确的定位,财务助推业务腾飞,从痛点找到平衡,在后勤做好保障;思维上要有辨证的心态,例如通过一个部门一个单位学校的新闻梳理,分析管理特点,印证财务真实性;行动上要有主动的能力,经费使用有没有效是最关键,调动主动性创造价值,任何管理环节都可得到改善;绩效上要有成本的研究,对教师培训的有效性分析,对每个学生科普经费的效果性分析。通过三方面不断优化财务管理:优化人员支出,保障师生提升发展;优化支出结构,促进学校内涵发展;优化支出管理,提高经费使用绩效。财务规范意识与经费绩效意识结合。做好业务与财务的有效融合,离不开管理上的四个融合:计划融合,加强经费预算与业务计划的协调管理;数据融合,业务数据的共建、共享,以及考核的有效性分析;管理融合,规范支出审核与刚性执行;内控融合,提前介入,加强风险防控与矛盾化解。

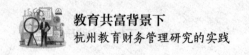

　　课题交流环节，上城区教育局会计结算中心茅敏丹老师分享《基于任务驱动式的会计培训模式探索与实践》课题研究成果，创新走访的课题模式、深入浅出的成果展现，让人印象深刻。萧山区教育局督导科田林火科长随后进行了鞭辟入里的点评，在课题模式、实用性等方面给予了很高的评价，并表达出很大的兴趣。

　　经验分享环节，杭州师范大学附属中学卓琼蕾老师分享了省课题申报表和结题表的填报技巧，提示填报中的注意点和小妙招，引人入胜。杭州市教育资产营运管理中心颜斌武老师带着大家一起探究工会报销凭证附件的解析，重点要点一目了然，干货满满。

总结过去　追梦未来

　　最后，郭建平老师通报2018年分会工作总结和2019年工作计划，并进行杭州教育财务管理研究总结，从研究小组、团队简介、历年浙江省教育会计学会申报课题情况、杭州分会荣誉、杂志展示等各方面全方位带领大家回顾。成立教育财务管理研究小组是为了加强我市教育系统财务人员的业务科研能力，提升系统教育财务管理水平，一直成绩斐然、收获颇丰、成效显著。希望未来能够培育学习型、专业型、创新型的会计队伍，组建一支"志同道合＋义务奉献＋松散＋创新"的团队，蝶变成"召之即来、来之能战"的科研"雁群"，升华一刊、一群、一组，保证财务科研工作的高效平顺运转并不断推向更高层次。

　　我们齐聚于教育财务科研集结号下，怀揣志同、道合、奉献、创新的理念，共谋新发展，走进新时代，争做追梦人！

立足财务研究理论前沿　共促教育财务新发展

茅敏丹

4月10日，我十分有幸参与了由杭州市教育局计财处、浙江省教育会计学会杭州分会主办的2019年杭州市教育财务管理研究学术交流会。这是一场教育界的财务学术盛宴，云集了来自杭州市各县区的教育财务专家，从科长论坛、课题交流到经验分享、工作总结，整个学术交流会立足财务研究理论前沿，聚焦财务热点，内容精彩纷呈，形式丰富多彩，让我深感震撼，收获满满。

探究理论前沿　引领方向

"纸上得来终觉浅，绝知此事要躬行。"随着政府会计制度的改革，财务人员面临着不小的挑战，尤其是对于作为财务年轻人的我。财务人员如何从核算会计转型到管理会计？如何实现单位财务管理华丽转型？西湖区教育局郑顺来科长的《如何做好业务与财务的有效融合》报告，引起了我的共鸣，打破学校财务人员与日常业务的壁垒，加速业财融合进程，引领我在未来转变工作思维、拓展知识领域、明确角色定位。

我有幸作为课题交流人，将中心近期的研究成果《基于任务驱动式的会计培训模式探索与实践》在交流会上分享，专家点评、共同探讨，不仅润色了课题，同时也激发我思维的火花，提高理念认识，促进实践进步。

分享实战经验　一同进步

杭州师范大学附属中学的卓琼蕾分享了《省课题申报表和结题表的填报技巧》。卓老师结合自己多年的课题撰写经验，分别从课题申请表的申

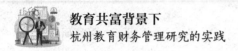

报要素、课题结题表的填写要求做介绍。通过有实战经验老师的分享,让我对课题有了更深的认识,优秀课题的形成,汇聚着众人的智慧,需要有创新的题材、宽阔的思维、规范的填报,值得我不断地深思。

杭州市教育资产营运管理中心的颜斌武解读的《工会报销凭证附件的解析》让我感触良多,受益匪浅,财务工作的规范、高效,需要在日常中点滴积累、汲取经验、不断探索。

怀揣同一个梦 共创未来

此次学术交流会的最后,杭州市教育科学研究所的郭建平老师对杭州教育财务管理研究的总结,深深地感动了我。2011年6月,教育财务管理研究小组的成立、《教育财务管理研究》杂志的创刊,一路走来,凝聚着许多财务人的心血,涌现出了像西湖区教育局王晓霞老师这样直至退休还奋战在财务管理研究一线的财务人,这种孜孜不倦的精神给了我巨大的鼓舞。我能够有幸加入这一支志同道合、奉献创新的科研"雁群",怀揣教育财务管理研究人共同的梦想,我将全身心地投入,向优秀的前辈学习,实践与理论相结合,为促进教育财务新发展,奋力奔跑。

2019年第三届研讨会全体合影

▷ 杭州市第四届教育财务管理研究研讨会

有思考　有触动　更有行动

冯淑予

十分有幸参加杭州市第四届教育财务管理研究研讨暨2019年杭州市级财务课题评选颁奖仪式,这也是我进入西湖区教育会计服务中心两年来第二次参加教育财务管理研究学术交流会。不同的是,前一次对我而言更像是入门前的触动和引导,而这一次是在经历过课题思考与完整实践过后的探讨和提升,是一次更有参与感的学习交流经历。在会上,来自各市区县的优秀课题作者纷纷上台与大家分享心得,真实体会到了各种分享中思想碰撞产生的火花,以及知识爆炸般的收获。而这种收获不但来自聆听,更来自亲身参与和分享。

拱墅区陈赞迪老师从教育系统会计人员基本结构、职业发展现状、职业胜任能力三个方面展开,对现阶段《教育系统会计人员专业现状的调查研究》进行了成果分享。采用问卷调查的形式,用实打实的数据填充内容,并在此基础上总结问题,提出建议。为加快教育系统会计人员角色转变、加强会计职业认同和引导提供了借鉴。研究当中提到的现状与问题都是我们现阶段工作中的真实映射,而作为一名教育系统的财务也更能够真正地感同身受。陈老师的分享也让我更加明确了自己作为一名教育系统会计应当具备的职业技能与职业操守,理清如何正确地定位自己,以及在今后的职业道路上如何去提升自己、发展自己。

萧山区莫伟军主任则是从单位管理的角度,新颖地提出了"三纲五常"理论,用"三条行动纲领"明确结算中心的定位,通过构建"五项常规工作"实现结算中心内部工作有序而高品质地运转。莫主任专业地分享了在单

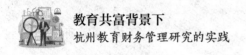
位管理中的经验与思考,为其他市区县结算中心提供借鉴的同时,也加强了财务人员对单位管理的认同感,更加配合单位管理制度的施行。分享的最后,莫老师用"侠骨柔情"来形容教育系统财务人员:侠骨是要我们有专业的定力,而柔情是要我们服务教育。贴切又不失风趣,却能引人深思。

西湖区施桂萍主任从课题管理、课题成长、课题内容、日常研究、课题保障5个方面,分享了西湖区教育会计服务中心在教育财务管理科研管理方面的经验,以及对科研管理工作的思考。在2019年的课题撰写过程中,从第一次参加课题获奖表彰会萌发写课题的念头,到确定课题、撰写框架,再到初步成果、修改润色,最终的结题,我也真实感受到了中心对科研的支持与鼓励。中心多次邀请专家做课题方面专项培训,鼓励大家从日常工作中发现问题、研究课题,并且成立草根专家组定向帮扶,面对面地做高位细致的指点,给予了课题小组最大的鼓励和最实际的帮助。让中心的每一位老师都参与到课题研讨中去,有思考,有触动,更有行动,为造就一支专业精深研究型的财务队伍而不断努力。

教育财务管理研究是从实践到认识再到实践的过程,也是对日常工作梳理和总结的过程。课题研究,需要有更多的思考,更多的创新和挑战,让自己的专业更加精深,思维更加理性,内心更加丰盈。

研讨会虽然结束了,但在交流活动中获得的学习体会与思想启迪一直留在我的内心里。在今后的工作学习中,我会试着把学习所得慢慢转化成自己的工作心得,尽心尽力地为教育服务。在收获中成长,在成长中成熟,努力成为一名专业型、学习型、研究型、服务型、创新型的财务人员。

最后感谢杭州市教育局、浙江省教育会计学会杭州分会和杭州市教育科学研究所为我们提供交流平台,此次的交流研讨带给我们的不仅是业务方面的启示,更是思想上的革新。

在收获中前进　在课题研究中成长

钟友余

三年前刚走出象牙塔,对于社会、工作充满着好奇与激情;如今,和小伙伴围桌学习各类财经制度、政策法规、讨论账务处理,整天忙于支付审核、回答日常报销疑问、各类统计等学校财务会计事务工作,这一切似乎有些乏味与无趣,缺少对财务工作的深层次思考。

刚跨入中心大门,若不是中心的方向引领,或许我对课题撰写的热情不会高,更不会去想争取每年写一点点,来助推自己成长。在王晓霞老师的指导下,跟着学习课题的撰写,参加课题学术沙龙,参加辩论赛,对教育财务和课题研究有了初步的认识。2019年9月,施桂萍主任来到中心后,更加注重中心教育财务课题研究的文化建设,多次邀请专家给我们中心会计开展教育财务课题专题培训,每一场讲座都让我们每一位受益匪浅,深感施主任的良苦用心。2019年,让我以课题负责人的身份和师傅们一起开展对小学教育成本核算的探讨,第一次感受到责任和压力,也是中心对我的信任和鼓励。经过一学期的研究讨论,反复打磨,我们的成果在2020年第一期《教育财务管理研究》杂志刊登发表。为了提高大家对课题研究的认识和站位,5月15日,施主任亲自为课题作者颁发荣誉证书。随后,又创新性地开展2020年课题开题论证活动,各课题负责人认真准备PPT,从专业的角度用通俗易懂的语言向大家展示课题设想、研究框架、研究内容、初步成果等,全体研究者畅所欲言、建言献策。在团队老中青传、帮、带的作用下,我们课题组成员深入学习与思考,力求在实践中摸索找到答案,并形成文字借鉴,更好地搞好西湖区的教育财务管理研究,提高我中心的财务管理水平。

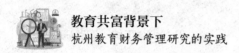

在中心的推动下,自己时而对工作有些个人思考,打开日常记录的文档,重新找回当初出发的初心。想通过课题研究,对实践业务有更深的理解和思考,并在寻求解决实际问题的措施中得到头脑风暴的锻炼,以提高自身发现问题、分析问题、解决问题的能力。这就是我走上财务工作岗位三年来的思考和成长。

都说"不忘初心,方得始终",在这个时刻非常想感谢在我初入职时的第一位指导老师——王晓霞老师,也非常感谢中心的各位领导,是你们给了我们年轻人锻炼的机会、充分展示的好平台,让我有机会去学习、探索、成长。

财务课题研究是一个茫然与漫长的过程,也是一个发现问题、探索并解决问题的过程,更是促进我们自身职业发展的过程。财务工作虽繁忙和压力大,但我相信,只要我们踏踏实实、日积月累,借团队的力量开拓思维,课题组成员共同努力,不断钻研探索,我们的课题研究定会取得更多更好的成果,为教育财务奉献我们的青春年华。

2020年第四届研讨会全体合影

▷ 杭州市第五届教育财务管理研究研讨会

科研焕发财会力量

陈江南

4月28日,拱墅区教育会计结算中心的多名财务人员参加了杭州市教育局计财处、浙江省教育会计学会杭州分会主办的杭州市第五届教育财务管理研讨会。在下午的交流活动中,大家感触颇深,不仅见证了颁奖盛况,并且聆听到了许多2020年的财务故事,深切体会到了科研让财会人员发出声音的力量。

在这场颁奖仪式中,拱墅区教育会计结算中心收获颇丰。陈赞迪、占丽萍、夏偲偲、许佳、季江珊、郭怡彤、潘海琳、张思思、陈倩云等老师每年积极参与课题申报,在此次科研成果展示中,分别荣获杭州市教育财务管理研究论文评比一、二、三等奖。这些老师们立足于自身岗位,创新性地开展研究,展现了拱墅教育会计的科研力量。除此之外,单位还获得了新春小视频创意奖,在恭贺新春的视频中用丰富的方式展现团结和谐的拱墅风貌。

整场研讨会由杭州市教育科学研究院郭建平老师主持。我们听取了市教育局计财处邓冬青副处长的发言。邓处长娓娓道来,对财务人员提出了殷切期望,不做只会埋头拉车、不会抬头看路的传统财务人,在自身的工作岗位主动研究参与,并且积极思考,结合问题和改革方向找准研究切入点,提醒预算管理、绩效管理、数字赋能等等都可以成为财务研究方向。各区的老师们也分享了各自对于当前教育财务管理工作的经验和看法,不论是"做文化的会计",还是一直"在路上"的会计研究者,都带给了大家丰富的思考和启发,大家表示要把这些经验和思考运用到日常工作中。

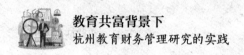

　　科研作为智慧的结晶,凝结了财务人员的思考,用科研的方式发出更多财务人员的声音,焕发财会新力量。这场教育财务管理研讨会让人受益匪浅,也鼓励了更多的财务人立足当前工作,从财务的角度提出工作新见解。

在学术灯塔下乘风破浪

陈方婧　张静如

2021年4月28日下午,杭州市第五届教育财务管理研究课题交流暨年度表彰颁奖仪式在杭州市教育科学研究院举行。此次活动由杭州市教育局计财处、浙江省教育会计学会杭州分会主办,杭州市教育科学研究院承办。杭州市教育局计财处副处长邓冬青、浙江省教育会计学会秘书处李国飞、杭州各区县教育局计财科科长代表、会计结算或服务中心主任以及课题成员60多人共同出席参加。会议由杭州市教育科学研究院郭建平老师主持。

会议伊始,郭建平老师对2020年教育财务研究进行总结并主持颁奖。正如郭建平老师所说,极不寻常的2020年,丝毫不影响我们教育财务人的科研热情。我们西湖区的教育财务人,在这一年立足岗位,潜心研究,有效思考,积极实践,收获颇丰,可谓硕果累累。在此次的杭州市教育财务管理研究论文评审中,西湖区教育会计服务中心有1篇论文荣获一等奖,4篇论文荣获二等奖,2篇论文荣获三等奖。除此之外,中心春节小视频制作也获得了最佳创意奖,2名会计斩获优秀通讯员、5名会计获得通讯员积极分子的称号。

杭州市教育局计财处副处长邓冬青做开篇发言。他肯定了此次课题交流和表彰颁奖活动的必要性和重要性,对2020年全体教育财务人取得不凡成绩表示赞赏。他希望广大财务人员能更加主动地参与课题研究,不要埋头苦干,要学会抬头看路,发出财务人员自己的声音。同时也要更有效地进行思考,做接地气的研究。行业内也要充分发挥高级会计的领头作用,引领全体财务人在内部控制、绩效管理、数字赋能等多方面进行更深入

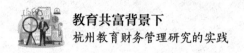

的研究,积极破解工作实际问题。除此之外,他也感谢郭建平老师和各位主任,正是大家的积极参与,才将每年的课题交流活动办得有声有色。希望大家在郭建平老师的带领下,能多创设交流的机会,多丰富和创新学会的形式和载体,丰富研究的内容和方向。最后,他为教育财务管理研究课题交流会送上了祝福,祝福我们的交流会能一年办得比一年好,在未来有更多的收获和成就。

在经验分享环节,各区主任都带来精彩的发言,可谓干货满满。其中,江干区教育技术中心胡晓敏主任作了为题《希望,在路上》的工作交流。她从财务人所受的偏见、面临的尴尬境地以及财务困惑破解方法等方面为我们做了十分接地气的真诚分享。萧山区教育局会计结算中心莫伟军主任以现代服务业下的会计服务工作为切入点,作了题为"做一个有文化的会计"的交流分享,引发了大家更加深刻的思考和共鸣。除此之外,下城区教育局计财科姜建芳科长、上城区后管中心结算中心方素华主任也都做了精彩的分享。

西湖区教育会计服务中心施桂萍主任结合一等奖课题《业财融合下学校财务人员转型及发展路径的探析》,分享这一年中心工作的新实践。施桂萍主任从业财融合的背景、数字化转型下财务人员的现状分析、发展路径实施策略等方面展开了论述,她提出财务人员要从理念转变、知识拓展、行动变革、评价激励等方面探寻未来发展路径。施桂萍主任指出"财务要懂业务",将财务融入业务,学校财务人员要从浩瀚的数据中敏锐地捕捉到业务信息,进行分析预测,给学校管理者提出可行性建议,发挥资金使用效益,不做数据的搬运工,而要做数据的整合者,做玩数据的"艺术家"。同时,施桂萍主任结合中心近年来开展的常态化业务检查、财务技能比武、财务人员个性化培训以及"数智教育"下推进财务信息平台等,为大家展示了西湖区教育财务"以科研引领中心发展"的管理路径和丰富成果。

2020年新评上高级会计师的两位老师也为大家作了经验分享。西湖区教育局陈昕晗老师从高级会计师的考情分析、考题回忆、业绩材料目录以及职务任职资格评价条件等方面为大家做介绍。陈昕晗老师年轻有为,集研究生学历、注会、注税一身,讲得条理清晰,对自己的职业有着清晰的规划和目标,是我们区所有教育财务人的标杆。她用自己的努力和执着鼓励着所有财务人要继续探索,不断提升自己的业务水平,不断积累平常工作中的经验,持续财务热情。

最后,郭建平老师对本次研讨会进行总结发言,并对2021年的工作目标进行阐述。且行且思,且悟且进。2021年又有新目标、新内容、新举措,全体财务人研究方向更明晰,脚步将会更坚定。

这些年来,交流活动参与面不断拓宽,交流内容不断丰富,影响力也不断提升,它就像一盏学术灯塔,照耀在每一个教育财务人的心上,指引着我们的方向。在未来,我们全体教育财务人一定能够同舟共济,继续披荆斩棘,乘风破浪,书写我们自己的华丽篇章。

2021年第五届研讨会全体合影

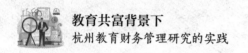

未来是我们正在创造的地方

田雨婷

暖日晴风初破冬,草探头,柳新绿,迎春嫩黄阵阵香,一切都是那么生机盎然的样子。2021年4月28日下午,我有幸参加了2021年杭州市第五届教育财务管理研究课题交流暨年度表彰颁奖仪式,收获颇丰,不禁感叹"外面的世界"真精彩!

共享 共研

会议由杭州市教育科学研究院郭建平老师主持,杭州市教育局计财处副处长邓冬青、杭州各区会计服务中心主任以及课题学员共同出席参加。

邓冬青副处长的发言很接地气,契合当下财务工作。他提出的"预算管理和绩效管理只会越来越严"和"数字信息化时代的大数据赋能"让我颇受启发。随着财会新政策的颁布和信息技术的发展,学校的财务管理必然发生巨大变化,若还停留在"照样画葫芦"的工作方式,懒于思考学习和探索,那么必然各个方面都会被赶超。比如,近几年逐步完善的政府采购、"政采云"网上平台、"招必得"平台等,就是对预算管理和绩效管理提出了更高要求的表现。如果事前没有做好预算和确定的目标,事中没有很好地监督和分析,事后没有评价与反思,那么在实际工作中就会产生很多问题。比如,年中想买一项比较重要的固定资产,年初却没有体现在预算里面,年末又无法追加,不买可能会影响正常教学工作,买了么既"占用"了公用经费,又体现出管理存在问题。所以,财务工作看似简单不变,但其实需要深挖下去,要做到极致。不然,问题会出现在方方面面。

随着互联网和数字信息化的发展,如何把智能化、自动化、信息化运用到财务工作中,使得财务工作更加规范便捷是我们工作中可以摸索的。比如,我校由于校区多、教师多、活动多,对于采购或者维修的审批每次都要分管领导或者校长面签的话,可能一项活动结束了,这个物品还没有拿到领导批示,大大影响工作效率。因此从这个学期开始,采购、维修、外出培训等一切需要产生费用的事项都由责任老师先在钉钉平台上进行申请,分管领导或者校长进行审批,然后抄送给总务处和财务室。这样不仅经手老师方便,财务室和总务处也会对采购的物品和所需金额进行统计,有利于预算分析和绩效管理。大数据赋能,提高工作效率,还有很多值得发现和挖掘的地方。

各个区会计服务中心的主任都介绍了各自区财务科研的道路探索,并分享了经验,干货满满。其中,我感触比较深的,是西湖区和萧山区的分享。西湖区教育会计服务中心科研氛围浓厚,平时开展的活动也较为丰富,用创新的交流形式,共同分享学习成长,在活动中发现,在发现中成长。萧山区教育局会计结算中心莫主任对现代服务业视角下会计服务工作的思考让我很有共鸣。会计工作从枯燥的结算向核算的转变,从"埋头苦干"做好本职工作,向更高层次的标准发展。他还从财务的角度提出对学校建设或者发展有用的意见或建议,以更好地服务于师生。

唯"实",方可"越"

在高会经验分享流程中,听了西湖区教育局陈昕晗老师的分享,不禁感叹平庸的人千篇一律,优秀的人各有各的不凡人生。一个集注会、注税、高会于一身的漂亮姐姐,思路清楚、条理清晰、措辞谦虚,对人生有明确的规划,且平时工作生活中无不在为目标而积累努力。反观平时生活工作中的自己,也是个老大不小的人了,总是抱怨比努力多,常常"怕事儿",做不擅长或是不喜欢的事情就各种拖沓。但是有时候完成一项任务以后,还是挺喜悦的,而且过程中的收获都在一点一滴地积累着。所以何不一开始就"乐在其中"地接受呢?

会议的最后,杭州市教育科学研究院郭建平老师进行了总结,也对在场的学员们提出了更高的要求和期望。郭老师在我印象中是一个很善于

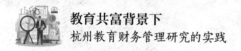

发现生活、热爱生活，喜欢记录，兴趣爱好丰富的老师。他就像水一般，不仅自己前进，还推动身边的人和事一起前进，常常在百忙之中给我提论文申报表的修改意见，不厌其烦地指导我这个论文小"菜鸟"。

身边的人都如此优秀，有如此优秀的人可以帮助自己，那我不动一下真的是太惭愧了。先定一个目标，今年争取考完注会专业阶段和课题结题。唯"实"，方可"越"。今日我们仰望的优秀的闪着高光的"牛人"的成功都是源于日复一日、年复一年对自己高标准的积累啊。

未来是我们正在创造的地方

全国政协副主席、民进中央常务副主席、中国教育学会副会长朱永新谈到对未来学校的展望时说过，"未来是我们正在创造的地方"。我认为，对于新时代的财务人来说，未来也是我们正在创造的地方。随着信息技术的发展和政策的不断更新，财务的变革需求也是强烈的，我们应该接受现状，减少抱怨，紧跟时代发展，甚至把工作做在前，用成绩和研究说话。财务人员也应该多发出自己的声音，并用有价值的论文呈现自己的思考。是你的事情还是得你去做，所以何不"苦中作乐"、多思考多摸索？从中收获，让"机械"的枯燥工作变得有趣。

杭州市教育局计财处副处长邓冬青颁发荣誉证书

学术的盛宴 行动的起点

张 君

2021年4月28日,杭州市第五届教育财务管理研究研讨会在市教育科学研究院举行。杭州市教育局计财处、浙江省教育会计学会杭州分会共同发起了这场汇聚全市各区(县)教育财会人员代表的学术交流活动。

这是一场属于我们教育财务人的学术盛宴。

当下的教育财会工作有着许多"难点、堵点、痛点",那么我们如何有效破解,更好地履行会计监督?上城区教育发展服务中心结算中心的方素华主任强调,"要用专业的视角来看待普通的财务细节",罗列日常业务工作中的16个常见问题,并一一对应地提出破解策略。方主任还针对目前电子发票及缴退费业务报销过程中普遍存在的问题,详述一系列的操作办法。

当下的教育财会工作以及财会人员新的发展路径在哪里?杭州市西湖区教育会计服务中心施桂萍主任通过《业财融合下学校财务人员转型及发展路径探析》这一课题研究成果的分享,为我们点明了方向。施主任详细介绍了西湖区学校走访的具体做法,强调财务型会计要向管理型会计转变,要做一个业财融合的新财务人。施主任还介绍西湖区推进数字化建设的实践,通过全面掌握数据,有效利用数据,科学分析数据,有效提升教育财会工作水平。

另外,江干区"财会大组"的实践、两位高级会计师努力成为"极少数"的成长之路……尽管话题多元,但是教育财会人的那份智慧、严谨,以及孜孜不倦探索的精神是鲜亮的。

这成为我们教育财会人的新起点。

我是第一次参加杭州市教育财务管理研究研讨会。坐在台下的我,细

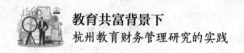

细地聆听着大家的观点报告,如醍醐灌顶。本次与会经历,不仅仅只是增加了我对财会实践的认知,还唤醒尘封许久的那些信心、向往、情怀和责任。我们财会人员的视野里不应只有数字和规矩。

荀子说:"学不可以已。"文明的魅力在于多姿多彩,人类进步的要义在于互学互鉴。未来已来,随着时代的发展,教育财会工作正面临着各种新的挑战。现代服务业的数字化、网络化以及财会工作涉及政策标准的具体化、刚性化等发展趋势,我们不能也无法回避。事物是不断发展变化的,我们的学习和变革也是永远不能停止的。

有句俗语:"你心爱的孩子,要让他走出去。"这句话,我会对我的孩子说,也会常常对自己说。

▷ 杭州市第六届教育财务管理研究研讨会

同道相益齐心协力　深耕厚植共创辉煌

闫倩倩

2022年6月21日,由杭州市教育局计财处和浙江省教育会计学会杭州普教系统主办,杭州市西湖区教育会计服务中心、杭州市钱塘外语学校承办的杭州市第六届教育财务管理研究研讨会顺利召开。会议采用线上和线下相结合的方式进行,来自全省近300名中小学校教育财务人员进行研讨学习和线上观摩。

砥志研思精业务　乘风破浪共发展

西湖区教育局基财科科长葛宝根为本次活动致欢迎词。葛科长表示衷心欢迎省教育会计学会、杭州市教育局的领导和全市的教育财务同仁,希望各位朋友在活动期间多提宝贵意见,充分交流,并热诚地希望各位朋友借这个平台了解西湖教育并感受全市教育财务研究硕果。教育事业蓬勃发展,教育资金投入与日俱增,这为教育财务的管理与发展带来了机遇和挑战。西湖区教育局多措并举、多维推进,从人员梯队培养、内部审计创新、信息化数字化转型、教育财务课堂等方面齐头并进,助推教育财务管理更好、更全面地发展。

浙江工业大学计财处处长、浙江省教育会计学会副会长、秘书处秘书长何兴应邀出席会议并发表讲话。他首先对本次交流研讨会的顺利召开和受到表彰的集体、个人表示热烈的祝贺,同时高度肯定了杭州普教系统近几年的工作,杭州普教系统作为浙江省教育会计学会重要的组成部分,在全省的普教系统中起到了示范带头作用,同时也激励大家继续努力,更

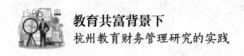

加精进,不断提升财务素养,加快转型,实现研究与业务的相结合,百尺竿头,更进一步。

杭州市教育局计财处副处长、浙江省教育会计学会副会长、常务理事邓冬青发表讲话,他对杭州市教育财务会计工作给予高度赞扬,尤其是在教育财务管理研究方面,论文研究量质并举,团队形成科研合力,成果展现和推广富有特色。邓冬青副处长指出,面对日益增多的外部约束、日益复杂的财务要求,财务人员更需要提升业务素养,判断形势变化,找准发力点,如当下财务热点——数智财务、"三公"经费、教育收费等,以小见大,深入研究。

随后,大会对获得浙江省教育会计学会2013—2020年度学会工作先进集体及个人、杭州普教系统2019—2021年科研工作先进集体、教育财务科研标兵、科研先进个人及教育财务科研组织工作奖等进行授牌和颁发证书。

潜心静气做研究　行稳致远守初心

西湖区教育会计服务中心主任施桂萍做西湖范式经验分享,以"财务研究与团队发展"为主题,围绕为什么要做研究、可以做什么样的研究、如何做研究三个方面,阐述了以需求为基石,以发展为导向,以运用于实践为最终目的的研究思路,强调用科研的方式提升财务的品质,用管理的绩效凸显科研的价值。她表示,西湖区教育会计服务中心会再接再厉,守初心,直面新形势新挑战,助力教育财会的发展。

不忘初心的科研理念,使得一批批研究成果相继落地生根、开花结果。在研讨会的品牌栏目"课题论坛"上,各区课题代表深入浅出地讲解了自己的研究成果。从西湖区的教育财务人员业务培训课程、上城区的中小学预算与会计核算、萧山区的会计服务改革模式、余杭区的教育专项绩效管理等多角度出发,以点带面、从无到有、从有到优,展示当前教育财务的发展契机及举措,理论与实践相互结合的成果,受到参会者一致好评。

扬帆起航展青春　脚踏实地筑未来

为更好地帮助各区学习与交流,西湖区展示了特色项目——2022年课题开题论证会,来自西湖区教育会计服务中心的三位课题负责人李宁、栾振文、朱江威分享自己2022年课题开题论述,浙江教育会计学会林靖伟、王晓霞老师,萧山区会计结算中心主任莫伟军对课题进行精彩点评,给三项课题提供翔实且有针对性的建议,为课题小组罗列要点、明确重点和把握难点,为课题研究提供更加清晰的方向,形成科研的驱动力,现场也不时响起热烈的掌声,各区也收获了非常好的经验。

2022年是浙江省财政厅"财会建设年",各区青年教育会计代表——杭州市交通职业高级中学何嘉辉、余杭区教育局胡彩霞、拱墅区教育会计结算中心李岳、上城区教育发展服务中心茅敏丹、西湖区教育会计服务中心严婧维、骆敏,相聚圆桌大讨论,以"财会职业精神"为主题,围绕数字化理念、工匠精神、绩效精神、廉洁自律精神、诚信职业精神、科研精神等多个财会职业精神进行观点的分享与讨论,展现青年教育财会队伍的风华正茂、青年财会人的担当与职业信念。

国家的希望在青年,民族的未来在青年。两位杭州市教育财务研究小组成员——何嘉辉和茅敏丹,分别以《电子会计凭证入账归档实践与思考》《个税的申报方法和技巧》为题,分享了教育财务公益微课,为兄弟单位教育财务人带来启发和借鉴。

交得其道,千里同好。本次"教育财务管理研究"学术交流活动,全省的教育财务人通过线上、线下的方式相聚,相互分享与学习。大家心怀同样的学习情怀,努力让我们的学术交流走得更稳,走得更远,让我们浙江教育财会大放异彩。

本次研讨会由浙江省教育会计学会理事、副秘书长郭建平主持。

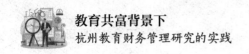

科研引路　乐学慎思

邵欣悦

　　白驹过隙。2021年4月第五届杭州教育财务管理研究课题交流会的场景似乎还在眼前,一年一度杭州教育财务人的盛宴又如约而至。6月21日,2022年第六届教育财务管理研究学术研讨暨先进表彰大会在杭州市钱塘外语学校报告厅隆重举行。

　　浙江省教育会计学会秘书处何兴处长、杭州市教育局计财处邓冬青副处长、西湖区教育局计财科葛宝根科长莅临会议,杭州各区会计服务中心主任以及部分基层财务骨干参加了此次会议,会议由杭州市教育科学研究院郭建平老师主持。我十分有幸在现场参加了这场令人大饱眼福的教育界财务学术盛宴。

　　这是我参加的第二次教育财务研究研讨会,第一次参与时我读到的是"踏实",想法虽多,不可空想,"行远自迩,笃行不怠",一切想法都要落实到行动上。此次与第一次参加相比,有了更进一层的感悟。这次活动中,我品味到的是"科学",做财务科研,不能蛮干,要讲求方式方法。从选题、构建思路、搭建课题框架到写作和汇报分享,科研课题的每一个步骤都有其科学方法,要做到"科学引路,乐学慎思"。

　　一是个人"方略初定",科学选题。西湖区教育会计服务中心施桂萍主任提出"课题内容三导向"和"日常研究三重视",即导向社会热点话题、导向工作重点问题、导向难点调研问题,重视专题研讨、重视培训学习、重视抱团研究。从中可以看出,我们课题研究应进行常态化科研,在工作学习过程中,关注日常工作内容和社会热点话题的交叉点,找出"堵点",在此基础上阅读学术文献、总结工作经验、紧密结合会计实务,解决会计实际问题。

二是针对专题"草根研讨",开阔思路。选题之后可以组织课题组成员以及邀请更多的小伙伴对课题问题进行讨论和解读,以集思广益,整合财务不同细分领域的意见,向下挖掘数据,横向打通,相互联合,形成专业的课题思路矩阵体系。本次研讨会上举办的《"财会职业精神"圆桌大讨论》就为草根研讨提供了一种非常切实可行的科学方法。

三是财务专家"把关细敲",科学开题。会上召开了西湖区教育会计服务中心的2022年课题开题论证会。正所谓"开题思路明,论证方向行",开题会以研究者讲解思路、专家点评的方式,帮助研究者在专家指导下对课题研究目的、价值、依据、国内外研究动向以及研究任务、方法、途径、步骤、条件等做深入系统的论证,描绘出整个课题研究的蓝图,指导课题研究的后续过程,大大提升了教育财务科研开题的科学性。

四是学术成果"交流共进",科学汇报。西湖区教育会计服务中心郑彧哲老师、杭州市景芳中学蔡旻老师、萧山区教育局会计结算中心莫伟军主任和余杭区教育局吴方圆老师分别带来了自己的课题汇报以及经验分享,他们围绕着课题的核心框架"发现问题—查找文献—做法—成效—感悟"对自己的课题进行了深入浅出、鞭辟入里的分享和汇报,并配以精美的图片、表格,在讲清楚研究方法和结果的同时,更加重点突出了课题的研究背景和对实际工作的指导作用,用一条非常清晰的逻辑线,向我们传递了关键信息。

此次学术研讨会通过小伙伴互享研究成果、专家指导,我不仅了解了普教财务研究的领域前沿,帮助我启发科研思路,而且有助于我重新进行自我评估,看到自己的不足和优点,在更为客观地评估自己后重拾信心,给自己力量,提高学术品位和科研鉴赏能力。在一次次的学习机会中,不断思考和寻求科学的方式方法,逐渐地靠近光、追随光,进而成为光、发散光。

在浙江省教育会计学会杭州普教系统搭建的平台下,一线教育财务人敢于尝试与实践,大胆探索与总结,提炼"美好教育,共同富裕"的杭州经验,练就"沉下去能干、坐下来能写、站起来能说"的新教育财务人。我们的点滴积累,都在不断打造杭州教育财务的品牌,寻求更科学的科研方法,发出一线教育财务科研人的声音!

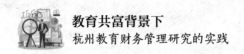

聚行业大咖　听学术讲座　飨饕餮盛宴

孙　兰

　　古有"诸子百家"的争鸣,现有"杭州教育财务学术"的百花齐放。6月21日上午,在优美的杭州市钱塘外语学校,由杭州市教育局计财处和浙江省教育会计学会杭州普教主办、杭州市西湖区教育会计服务中心和杭州市钱塘外语学校承办、杭州市教育科学研究院协办的杭州市第六届教育财务管理研究学术研讨会正式拉开序幕。

　　研讨会当天,来自杭州的教育财务管理专家学者和财务代表共计百余人齐聚一堂,共享本次线上直播＋线下互动的学术盛宴。研讨现场大咖云集:浙江省教育会计学会秘书处何兴处长、杭州市教育局计财处邓冬青副处长和西湖区教育局基财科葛宝根科长出席会议并致辞;西湖区教育会计服务中心施桂萍主任、萧山区教育会计结算中心莫伟军主任应邀带来专题报告;浙江省教育会计学会秘书处副秘书长林靖伟老师,杭州市首位科研标兵、省课题一等奖获得者王晓霞老师等专家就西湖区课题开题论证答疑解惑。

　　本次教育财务管理研究学术饕餮盛宴由浙江省教育会计学会理事、副秘书长郭建平主持。大会内容丰富,研讨形式多样,既有西湖范式《财务研究与团队发展》等主题报告;有《课题开题论证》现场观摩会;有"财会职业精神"圆桌大讨论;有2022年立项课题研究者的交流分享;还有钉钉公益微课直播等交流。研讨盛宴用丰富的引例、新颖的见解和前沿的观点,进一步开阔我们财务人的视野,与会人员纷纷表示受益匪浅,开始找到人生目标。

　　当天下午5时,杭州市第六届教育财务管理研究学术研讨暨先进表彰大会圆满落幕！我明白本次盛宴是专门针对杭州教育财务的讨论交流会议,它对于杭州教育财务的发展战略和政策措施的制定具有一定的导向作用。对于被表彰的教育财务科研集体和个人来说,这既是一种激励,更是一种压力;尤其对于刚进入上城区会计服务中心会计核算部任会计的我来说更是内驱力。我开始明白"用科研的方式提升财务的品质,用管理的绩效凸显科研的价值"的财务科研意义;我开始理解"我们为什么要做研究、我们可以做什么样的研究和我们如何做研究"的西湖范式内涵;我开始懂得"会计服务改革后的必然选择"的萧山范式要点。我很庆幸有机会参加这次教育财务学术与知识的盛宴,努力汲取来自这场饕餮盛宴满满的正能量;同时,我更要对照先进典型不断检视自身差距和不足。

"纸上得来终觉浅,绝知此事要躬行。"让我们牢记每一届教育财务管理研究学术的研讨初心,砥砺前行,真正做一个"沉下去能干,坐下去能写,站起来能说"的新教育财务人,从而为"杭州财务教育科研"品牌的创建贡献一线教育财务科研人的微薄力量。

2022年第六届研讨会全体合影

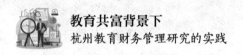

以研究的姿态成长自己

——杭州市第六届教育财务管理研究研讨会感悟

陆烨超

　　2022年6月21日,我们奔赴杭州市钱塘外语学校参加第六届教育财务管理研究研讨会,对此我们心潮澎湃,因为这是教育财务人的盛宴。2021年,我参加第五届研讨会,从中吸取了很多财务经验,探明了方向。所以对于这次的研讨会我期待满满。

　　会议开始后,各位财务领潮人的开场致辞拉开研讨会的帷幕,西湖区教育会计服务中心施桂萍主任分享"西湖范式"的科研经验,例如"五个三",课题管理三阶段、课题成长三环节、课题内容三导向、日常研究三重视、课题保障三到位。从三个问题"我们为什么要研究""我们可以做什么样的研究""我们如何做研究"出发,让我们知道"用科研的方式提升财务的品质,用管理的绩效凸显科研的价值"。

　　今年是浙江省"财会建设年",研讨会中还搭建"80后""90后"年轻人的舞台,进行"财会职业精神"圆桌大讨论,围绕我们每个财务人具有的职业精神展开讨论。同行们提到有助于提升工作效率的财会工作数字化转型,提到财会人在新时代下的工匠精神,提到绩效精神如何帮助单位把钱用好,预算决算的一致性,提到财会人的廉洁自律,熟悉规章制度,强化法治观念,提到弘扬诚信文化,守住财会底色,提到财会人的科研精神,用科研焕发力量,加强行政事业单位会计理论与实务的研究。这些思想精彩纷呈,碰撞出年轻财会人的观念火花。感叹教育财会人"站起来能讲,坐下来能写",让我打开新的工作思路,圆桌大讨论助推年轻教育财务人的成长。

　　"开题论证会"是西湖区的品牌特色,在此次大会上进行展示观摩。3位课题研究者,先是阐述自己的观点;3位专家对课题撰写者做出精准的指导与点评,专家们把握课题的脉搏,提供宝贵的意见,为课题的撰写提供明确的方向。"课题论坛"是杭州市教育财务管理研究的精品项目,西湖区从培训课程的设计、财务专业知识课程、财务专业技能课程、财务专业思维课程、财务专业发展课程,以此提升财会人的专业性。上城区《中小学预算管理与会计核算协调的研究》推动预算与核算的目标实现,分析了预算与会计核算的区别:(1)目标不同。预算的目标是对业务活动进行计划和控制。会计核算的目标是反映各学校单位本身的各项业务活动。(2)原则不同。预算通常遵循"应变理论"。会计核算遵循会计的基本原理原则,不能人为随意进行处理和调整。(3)时效不同:预算管理主要是侧重于事前预测和计划。会计核算注重事后反映、记录和监督。更精彩是我们区中心莫伟军主任的《紧扣要点深耕:会计服务后变革时代的必然选择》的分享,让大家充分地了解萧山范式"做文化的会计"理念和"以教师的模样做会计"这一专业发展行动路径的精髓,受到全体在场观众欢迎和好评。总之,听完这些交流分享,我一下子豁然开朗,对自己有了更加清晰工作方向。

　　研讨会的结束并不是终点,而是每个财会人新的起点。会上每一个人都是收获颇丰,在研讨会中收获到的经验、收获到的知识都值得好好消化,会让教育财会人的路越走越宽敞,越走越顺畅。期待下届研讨会的精彩呈现。

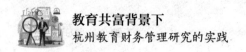

▷ **杭州市第七届教育财务管理研究研讨会**

星辰大海　浩然征程　奋发有为　向上而行

楼　骅

2023年6月14日,我非常有幸参加了杭州市第七届教育财务管理研究研讨会。本次研讨会可谓是精彩纷呈的知识盛宴。通过主题报告、经验交流、圆桌会议、课题推广等多种形式,交流财务工作中会计服务改革、内控建设、食堂管理等多方面优秀的经验和做法,宣传会计职业道德规范建设,达到互学互鉴、取长补短,提升财务人员业务能力和职业素养的目的。

本次研讨会最让我难忘和成长的环节是在浙江省教育会计学会副秘书长郭建平老师的带领下,我有幸能参与到《会计职业道德规范》的宣誓仪式和圆桌大讨论活动中去。

以誓明志　守住初心

郭建平老师引领着各区"90后"财务人员代表,进行《会计职业道德规范》的庄严宣誓。我们将右手握拳举过肩头,以笃定有力的语调宣读《会计职业道德规范》。当时我就在内心种下了信念的种子,我将不忘今日之誓言和承诺,努力成为知行合一、德才兼备的优秀会计人,为维护会计行业形象、促进会计事业发展、引领社会诚信建设作出不懈的努力和积极的贡献。

以桌会友　品读诚信

在准备"职业道德规范"圆桌大讨论的演讲稿过程中,最打动我的是一段对会计人的评论:"会计人,因长于计算,所以精深;因职业禀赋,所以正直;因事务繁杂,所以勤勉;因责任重大,所以拥有高贵的灵魂。"会计岗位虽然平凡，没有耀眼的光环与喝彩的掌声，但正是这种平凡衬托出会计职业的精神与责任。我从自省、自觉、自强三方面表述了我对提升会计职业道德修养的理解。

同时，我也更加坚定了三颗心——热爱之心，持续学习之心，高度责任心。首先，只有心怀对会计工作的热爱，才能认真走好每一步，用心做好每一件事，在面对困难的时候不退缩。其次，会计学是一个一直在不断发展更新的学科，在这条道路上上下求索，需要我们永远保持不断学习的好习惯，踔厉奋发，笃行不怠。最后，在执业的路上我们要能够保持高度的责任心，确保会计信息真实，维护单位和国家的利益。

此次宣誓及圆桌大讨论活动是浙江省教育会计学会普教系统、杭州市教育局计财处宣传职业道德规范的首次实践，是促进会计行业诚信建设的重要一课。我们青年财务人员不会辜负领导们、会计学会专家学者们以及郭老师的期望，不惧风雨、勇挑重担、不忘初心、不负韶华、绽放青春，在财务工作领域不断进取，探索属于自己的未来，努力取得更好的成绩。

2023年第七届研讨会全体合影

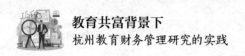
研讨不散场　成长不止步

姜淇筌

"我宣誓：坚持诚信，守法奉公。牢固树立诚信理念，以诚立身、以信立业，严于律己、心存敬畏。学法知法守法，公私分明、克己奉公，树立良好职业形象，维护会计行业声誉……"

距离杭州市第七届教育财务管理研究研讨会已经过去了很久，但研讨会上《会计人员职业道德规范》宣誓仪式的场景依然历历在目，誓词始终印刻在我的脑海中，宣誓时热血沸腾激情澎湃的感觉仿佛就在昨天。

6月14日，我非常荣幸有机会参加这场由浙江省教育会计学会普教系统、杭州市教育局计财处主办，萧山区教育局、萧山区教育局会计结算中心承办的杭州市"第七届教育财务管理研究"研讨会，本次研讨会的顺利召开是普教系统教育财务人的一场盛宴，对我而言更是一次非常有意义的经历。研讨会上，我不仅聆听了各兄弟区县关于教育财务发展理念与路径探索、学校内部控制管理、学校食堂财务管理等方面的研究成果分享，还有幸参与了《会计人员职业道德规范》宣誓仪式环节，听主持人郭建平老师以案说法，与小伙伴们畅谈感想体会，成为践行《会计人员职业道德规范》的推动者、行动者、宣传者。这次研讨会上，我感触最深的有以下两点。

科研之路道阻且长，行则将至。自杭州市区划调整以来，临平区独立成了一个新的区，教育财务科研之路刚刚起步，对未知的探索也刚刚起航，我对脚下的路颇有些迷茫。研讨会上，西湖区会计结算中心的陈斐讲述了她与科研的故事，为我前进的道路指明了的方向。科研路上少不了良师指路，少不了益友并肩，少不了文献敲门，少不了锤炼提升。只有行动起来，一步一个脚印，才能攀上科研这座高峰。只有坚持不懈，行而不辍，才能收获科研陌上花开。

职业道德为立业之本,贵在坚守。今年年初,财政部印发关于会计人员职业道德规范的通知,将会计人员的职业道德规范总结提炼为"三坚三守"。"坚持诚信,守法奉公"是对自律的要求;"坚持准则,守责敬业"是对履职的要求;"坚持学习,守正创新"是对发展的要求。"三坚三守"层层递进,提醒我们不忘初心、牢记使命,恪尽职守,砥砺前行。作为教育财务人员的我们,身处教育与财务两个行业,服务的是祖国的未来和希望,更应牢牢坚守这二十四字的职业道德规范,秉持精益求精、锐意进取的精神,不断适应新形势、新要求,以身作则,树立教育财务人良好职业形象。

虽然杭州市第七届教育财务管理研究研讨会已经结束,但属于我们的舞台终不散场。教育财务人前进的脚步不曾停歇,对科研的热爱与行动终将淬炼成钢,对职业道德的坚守和信仰必将坚定不移!

2023年研讨会"优秀课题"颁奖仪式

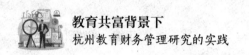
始于初心　源于热爱　成于坚守

茅敏丹

2023年6月14日,由浙江省教育会计学会普教系统、杭州市教育局计财处、萧山区教育局主办,萧山区教育局会计结算中心承办的第七届教育财务管理研究学术交流暨先进表彰活动在杭州市萧山区第一中等职业学校拉开帷幕。此次研讨会采用现场和线上直播相结合的方式同步进行,吸引了来自全省各地的一线教育财会人参与。这是一次学术的盛宴,是一场志同道合的相聚,是教育共富背景下的财务实践共享共研。

初心如磐　笃行致远

星光不问赶路人,江河眷顾奋楫者。杭州市"教育财务管理研究"学术交流研讨活动至今走过了七年的历程,已经成为全省教育财务管理研究领域的品牌。这是不平凡的七年,是砥砺前行的七年,是创新奋进的七年,是华章流彩的七年,在市教育局计财处的全力支持下,在省教育会计学会副秘书长郭建平的大力引领下,教育财务人坚守初心,踽步踏歌,笃行致远。这里有"萧山范式""西湖范式"等实践经验,有专家大咖的主题报告,有财务人员的互享共研,教育财务人用自己独有的方式,引领着教育财会新潮流。追随着教育财务管理发展历程,灼灼其华,逐梦而行,因为热爱,我们奔赴山海,因为热爱,我们全力以赴。

不负时代　勇担使命

2023年4月17日,财政部印发关于《会计人员职业道德规范》学习宣传活动的通知。借此契机,本次研讨会开展了《会计人员职业道德规范》学习宣传活动启动仪式,我有幸作为宣传者之一参与其中。从郭建平老师《扣好人生第一粒扣子》的以案说法,到来自各区"90后"代表的宣誓仪式,再到"职业道德规范"圆桌大讨论,整个启动仪式正能量满满,充满号召力。"坚持诚信,守法奉公""坚持准则,守责敬业""坚持学习,守正创新",这二十四字的核心关键词"三坚三守"铿锵有力,不仅成为财务人员耳熟能详的新热词,更是全体财务人员一份庄严的承诺、一份责任的担当。作为新时代财会人员,我们更应当勇担使命,不负时代,以恒心坚守初心,用诚信践行会计职业道德,秉持专业精神,持续推动教育会计事业高质量发展。

又在不舍中结束了第七届教育财务管理研究学术交流研讨活动,每一年的相聚总是如此的短暂,每一次的学习总是收获颇丰,每一份感动总是如此难忘。我们坚守着相同的信念,追逐着同样的梦想,前进的步伐永不停歇,让我们共同期待教育财务管理更美好的未来。

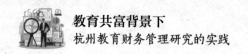
慎思笃行、守正创新
以科研之力助推职业发展

孙淑颖

2023年6月14日,在这艳阳当空照、杨梅缀青枝的日子里,由浙江省教育会计学会、杭州市教育局计财处、萧山区教育局主办,萧山区教育会计结算中心承办的杭州市第七届"教育财务管理研究"研讨会顺利召开。本次研讨会以"教育共富背景下的教育财务实践"为主题,活动分为领导致辞、表彰仪式、经验交流、宣誓仪式、圆桌会议等多个环节,不仅形式多样,而且内容丰富。

作为一名教育系统的基层财务人员,我非常有幸能参加了本次研讨会。这是一次知识的学习、业务的交流、思想的碰撞、心灵的触动。会上不仅听取了来自各区县的领导和同仁对于财务工作真知灼见的分享,还参加了会计人员职业道德规范的宣誓和圆桌大讨论环节,在震撼的同时更加坚定了我要做好一名新时代会计人员的决心。我们几个"90后"在浙江省教育会计学会副秘书长郭建平老师的带领下,在台上庄严宣誓:坚持诚信,守法奉公,坚持准则,守则敬业,坚持学习,守正创新。当时随着一个个宣誓词蹦出口,内心无比澎湃。的确,作为会计人员,我们必须"扣好人生的第一个扣子",这样才不会做违法违规的事,才不会面对诱惑而深陷泥潭无法自拔。在"会计人员职业道德规范"圆桌大讨论环节,我从"不敢""不能""不想"三方面入手,以"营造良好职业道德环境,让诚信守法的观念深入人心""加强内部控制建设,堵塞经济业务执行过程中的漏洞""依托继续教育的规定,加快财务专业能力的提升"三方面论述了自己对于新时代会计人员应该如何做到"三坚三守"的粗浅认识。其他4位小伙伴也从不同的角度分享了自己对于财政部新印发的《会计人员职业道德规范》的见解。

　　以前的我虽然在工作中刻苦努力提升自己的业务能力，或者在工作之余看一些专业书籍来提升自己的专业知识，但是对于课题研究，我一直抱着有心尝试却苦于不知道如何开展的心理。在本次研讨会，我听取了西湖区教育会计服务中心科研主任陈斐的报告《学·研·思——课题探索之路》，她分享了自己如何从课题研究的"小白"变成科研主任的故事，这让我学到了如何开展课题研究，进而通过课题研究来助推专业的发展和业务的提升。

　　作为新时代会计人员，我今后必将践行"三坚三守"，慎思笃行，以道德规范职业发展；同时守正创新，以科研助推专业提升。

　　本次研讨会上我真的是获益匪浅。在此感谢杭州市教育局计财处和浙江省教育会计学会为我们搭建如此好的平台，也希望以后能有更多交流学习的机会。

2023年第七届研讨会上，颁发"课题优秀奖"

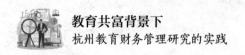

习丰富经验　升个人能力

黄玲南

　　2023年6月14日,以"教育共富背景下的教育财务实践"为主题的杭州市第七届教育财务管理研究研讨会在美丽的萧山举行。本次研讨会由浙江省教育会计学会、杭州市教育局计财处主办,萧山区教育局、萧山区教育局会计结算中心、杭州市教育科学研究院承办,萧山区第一中等职业学校协办。研讨会当天,来自杭州和周边市的几百位教育财务人员进行了研讨学习和线上观摩。

　　本次研讨会由浙江省教育会计学会副秘书长郭建平主持。萧山区教育局副局长封小丽,浙江省教育会计学会副秘书长、《浙江教育财会》编辑部主任林靖伟,杭州市教育局计财处副处长、浙江省教育会计学会常务理事、副会长邓冬青致辞。萧山区教育局会计结算中心主任莫伟军进行主题报告后,来自余杭区、拱墅区、西湖区等区县的骨干人员进行经验交流与课题推广,会议还有《会计人员职业道德规范》宣誓仪式和精彩的圆桌会议。我作为拱墅区教育会计结算中心的一名新会计与第一次参加研讨会的新人,非常荣幸能在现场参与本次研讨会。通过本次研讨会,我的收获颇多,不仅丰富了专业知识技能,而且提升了自身的职业道德素养。对于本次会议,我抱着学习和感恩的态度,希望在本次会议中学习到前辈优秀的方法以及前辈优秀的观念,用以丰富和充实自己,促进自己个人的成长,早日成为像前辈这样优秀的人。

　　在会议正式开始之前,对获得"杭州市教育财务科研组织工作先进集体"的萧山区教育局会计结算中心、获得"2022年度教育财务科研活动组织工作先进个人"的各位老师、获得"浙江省教育会计学会2023省课题优秀奖"的各位老师和在浙江省教育会计学会(杭州市普教系统)2022年论文评比得奖的各位老师进行了表彰。坐在台下的我,看着台上获奖的各位老师,觉得他们真的非常优秀,优秀的榜样就在我的身边,这实实在在地激励了我,我要充分学习拱墅区教育会计结算中心其他老师认真的工作态度,在今后的工作中更加努力认真,希望有朝一日也能站在领奖台上。

会议正式开始,由萧山区教育局会计结算中心主任莫伟军作了《做文化的会计:区域教育会计服务改革的成功实践》的主题报告,从中我学习到教育会计的服务工作不是一蹴而就的,而是在不断地进步和发展的,其目的是更好地助力学校清晰、便捷和规范地使用资金;同时培育会计人员独特的素养、能实践参与的发展平台,从而实现有效、持续的专业发展。萧山区教育局会计结算中心由离散单干到集中结算再到集中核算,其中的发展带来的优势是非常明显的。具体体现在集中核算的优势,顺应政策规范,勇立发展潮头;坚持集中经营,强化风险防控;发挥规模效应,节约人力资源等三个方面。时刻提醒着我们需要不断地学习和进步。

围绕"做文化的会计"这一理念,陈锦英老师分享了她的课题《运用流程技术实现课后服务费收支管理的策略优化》,"流程制作,让工作更直观;流程分析,让措施更精准;流程技术,让管理更多元"。倪建英老师的实践研究《八项修炼:集中核算模式下教育会计专业发展的主要路径》分为八条路径和八项保障。我对其中"文本固化"和"持续改进"印象尤为深刻。在平时工作中,时常存在同一问题多次发生的情况,若是能准确做到"文本固化"就能有效帮助工作人员与财务人员学习已有经验,从而避免经验重复等现象。通过对八项修炼的学习,我明白了要不断提高自己的思想觉悟,端正自己的学习态度,努力提升自己的专业素养,以实践为基础自主学习,融入拱墅区教育会计结算中心良好的学习氛围从而达成"大厅效应",在实践中得到不断进步。童佩婷老师分享了自己的经验《写一份校长喜欢的财务分析报告》,强调把我们的工作落实到我们的现实中,让我学习到了一系列的数据提取和数据分析的方法,会尝试写出校长更容易接受和明白的学校财务情况报告,从而更好地规划和准确地使用学校的财务资金。

2023年是浙江省"财务监督年",防范财务风险,需要健全财政财务管

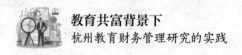

理、资产管理等制度,完善内部控制制度体系。余杭区教育局会计结算中心副主任胡彩霞和拱墅区教育会计结算中心陈赞迪分别从中小学校内部控制与中小学食堂内部控制进行了经验交流。两位老师通过一些实例,让我们清楚地了解到了学校财务管理中目前存在的一些疏漏。这也说明我们目前在内部控制管理上仍存在一些不足之处。如,学校管理层对学校内部控制的重要性认识不足,学校普遍存在内部控制制度不健全、不完善等问题。针对这些问题,我们在今后的工作中,应加强对学校内部控制重要性的认识,不断健全与完善内部控制制度,加强对内部控制的执行,对学校内部控制等各方面进行监督,防范财务风险。

财务人员一切的工作都基于《职业道德规范》,我们要牢记三条核心——"坚持诚信,守法奉公","坚持准则,守责敬业","坚持学习,守正创新"。在实际的财务工作中,不忘初心,严守底线,积极营造良好的职业道德环境。此次研讨会不仅让我学习到了很多有用的专业知识,也有资深老师的宝贵实践经验,更有我们行业不变的道德底线,使我受益良多。在未来的工作中,我要不断地消化学习,努力成长,成为更好的自己。

思以行远奋进路　行而不辍新征程

姚佳玉

　　盛夏季节,生机盎然。2023年6月14日,我有幸参加了2023年杭州市第七届"教育财务管理研究"研讨会。本次研讨会由浙江省教育会计学会、杭州市教育局计财处、萧山区教育局主办,萧山区教育局会计结算中心承办,通过现场和线上直播同步进行,研讨会上每一个环节都精彩纷呈。于我而言,每一次聆听,都令人入脑入心。本次研讨会,使我感受颇多、收获颇多。

　　这是一次叩问初心的精神洗礼。在回望来时路中擦亮初心,把坚定的理想信念作为教育财务事业上的"必修课"。研讨会上,在浙江省教育会计学会副秘书长郭建平老师的带领下,我作为钱塘区教育系统"90后"代表上台进行《会计人员职业道德规范》的宣誓。在我澎湃的内心里,埋下了一颗信念的种子,践行"三坚三守",以此作为我找准发展定位的导航仪,指引我坚守信念。

　　这是一次夯基蓄能的交流学习。学在盛夏时,沐浴春风里。一天的学习交流时间虽短,但课程安排用心精心,内容丰富丰满,既有优秀课题的颁奖仪式,又有科研课题的交流分享;既有会计职业道德规范的深度解读,又有郑重庄严的宣誓;既有理论深刻的课程分享,又有实践高度的工作交流;当书本上的知识回归现实,那晦涩难懂的句子变得鲜活生动,各区的获奖论文及课题,为我树立榜样力量,特别是郭建平老师对《会计人员职业道德规范》的深度解读,以精练的语言为我们呈现了深刻独到的精彩华章,以宏阔的视角讲述了教育系统财务事业发展的宏伟愿景。让我们明白,想要大放异彩,唯有坚定初心。

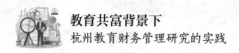

　　这是一次面对新起点、坚定进取之心的信念激发盛会。研讨会上来自不同区县的教育财会人齐聚一堂,分享着各自的成果、经验和思考。这种跨地区的经验交流,解决我们工作中很多的困惑,也让我们更加坚信"学无止境"。心灵得到滋养,思维变得更加开阔。教育人有教育人的使命,财会人有财会人的担当。杭州教育财务团队的大合唱已经在前辈的带领下唱得歌声嘹亮,接下来,我们要拿着什么样的谱,唱着什么样的调,踏着什么样的节拍,教育财会人如何更好地服务教育教学,值得我们深思熟虑。

　　业务牵引财务,财务支撑业务。前路漫漫,唯有奋斗。感谢浙江省教育会计学会,用教育财务人自己特有的方式,引领教育财会者追光前行也。让我们教育财会者,有了一个交流合作、互动学习的平台,让我学有所获,不虚此行。

2023年第七届研讨会上,颁发"科研工作组织先进个人"奖

互学思辨　笃行致远

徐晓蕾

6月14日，以"教育共富背景下的教育财务实践"为主题的杭州市第七届教育财务管理研究研讨会在萧山召开。作为萧山区教育局会计结算中心工作人员，我有幸参加会议，受益匪浅。

余杭区教育局会计结算中心副主任胡彩霞老师的《中小学内部控制建设思考》剖析中小学内部控制现状，提出单位内部控制的目标、建立方法以及具体的实施步骤等，而财务内部控制是一项系统性、全面性的长期工程。内控也是防范舞弊、腐败的重要手段，提高公共服务质量的有效路径。胡老师的分享加深我们对内部控制的理解。

内部控制是单位为实现控制目标，通过制定制度、实施措施和执行程序，对经济活动的风险进行防范和管控，但是当前内部控制建设却一直是单位建设的薄弱环节，模板式的内部控制制度落地难。所以需要不断深化内控管理理念和方式，结合本单位的工作特性，在各个业务环节设立控制关口，环环相扣，将风险控制在一定范围，筑牢防火墙。单位实行内部控制，重点应当在组织结构及职责分工、授权批准、资产保护、人员素质、预算管理和报告制度等重要环节组织实施，不是单兵作战，而是多措并举的协同战役。内控像是"家务事"，却事关单位的服务质量和服务形象。只有将浮泛的口号化为掷地有声的行动，切实把好单位内部控制关口，防患于未然，才能更好开展对外服务。

"萧山范式"之"做文化的会计"，充分地展示区域教育会计服务改革的成功实践。萧山区教育局会计结算中心同事的"一份校长喜欢的财务分析报告"就是萧山范式的实践成果之一，报告从资金使用情况、结余资金情

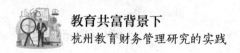

况、财务异常情况、往来款情况、其他重要事项5大板块着手,通过财务数据,深入浅出地分析学校财务运行现状,为学校财务决策提供参考依据,更好地防范财务风险。我有幸参与了财务分析报告撰写,向有经验的同事前辈学习,从一开始的无从下手,到摸着石头过河,集腋成裘,到最后完成一份接地气的财务分析报告。校长喜欢的财务分析报告要有别于年度决算报告,而且要易懂且有用。数据的价值只有在流动中才能体现,而财务数据的价值在于能为决策提供依据,预防风险,控制风险。财务分析报告所使用的数据与学校日常财务工作息息相关,且是需要重点关注的。

集中核算模式下教育会计专业发展的主要路径,以集中核算为主题进行会计服务工作改革之"八八战略",以及"运用流程技术实现课后服务费收支业务的管理优化",从课后服务的具体业务展开探讨,理清部门职责,规范业务管理,防范财务风险,这些都是"萧山范式"的集中体现,开启萧山区教育会计后改革时代新篇章。艰难困苦,玉汝于成。

我们也将贯彻"做文化的会计"这一理念,提升专业技能,坚守职业道德规范,服务美好教育。最后感谢教育财务管理研究研讨会搭建的交流学习平台,让我们有机会互学互鉴,携手共提升,务实笃行迈上新台阶。

2023年第七届研讨会上,邓冬青副处长颁发"科研工作组织先进集体"奖牌

▷ 杭州市第八届教育财务管理研究研讨会

"研"途而行的力量
助力教育财务研究高质量发展

郭建平

浙江省教育会计学会、杭州市教育局计财处主办，杭州市拱墅区教育局、拱墅区教育会计结算中心承办，华东师范大学附属杭州学校协办的杭州市第八届教育财务管理研究研讨会2024年5月22日召开。

杭州市拱墅区教育局计财科科长张频在致辞中表示，此次研讨会倾听一线心声，推进资源共享、课题共研、难题共商，探究教育财务管理的发展方向与创新路径。他介绍了拱墅教育的基本情况及发展现状，指出2021年原下城区和原拱墅区合并，聚集"融合"，实现教育财务的"人的融合、业务融合、制度融合、管理融合"，区域合并后取长补短，为拱墅区教育高质量发展提供坚实的保证。

浙江省教育会计学会副秘书长、秘书主任林靖伟谈到，杭州普教团队一直以来坚守"根"和"魂"，把握"破"与"立"，推动杭州市教育财务管理研究高质量发展。通过研讨会辐射全省各地结算中心，"杭州范式"发挥了省会城市的领军作用，引领全省中小学校教育财务人"以研提质""以研成长""以研登高"的浙江新范式。

在主题报告环节，杭州市拱墅区教育会计结算中心副主任占丽萍表示，现在的拱墅区教育会计结算中心融合了原下城区和原拱墅区的不同模式，吸收了集中核算模式与分散结算模式各自的优点，"两区融合"架构的提出焕发了"乘数效应"，开启了"1＋1＞2"发展新篇章。

西湖区教育会计服务中心施桂萍主任谈到，西湖区通过开展各种财务

2024 年第八届研讨会上，颁发"科研工作组织先进集体"奖牌

活动、搭建财务平台、营造优秀的氛围，为基层会计人员团队成长赋能。在日常工作中，以需求推动财务团队建设，更加关注倾听和读懂财务人员的心声，做到接纳、赋权、支持和引领，进而组建一支高素质的财务团队，以人才助推数智财务建设。

萧山区教育局会计结算中心老师董淑英介绍说，萧山区结算中心聚力"双＋"，全面落实业务引导；聚焦"双控"，全面强化内部控制；聚合"双向"，全面营造融合生态。建立会计业务指导小组，针对检查发现、咨询集中和风险防控等方面的问题进行分析研究，支付端实施"审核会计一审、主管会计二审"，通过周密流程强化支付控制，开展业务稽核，实现会计业务内部控制和质量管理的 PDCA 管理闭环。构建以"三双"并举为核心的萧山区教育会计业务质量管控体系，用高质量业财流程助推数智财务。

余杭区教育局高级会计师胡彩霞分享说，在食堂管理模块，余杭区开发了竞价优选和智慧缴费系统，可以在 App 中一站式缴退费，同时将在线请假功能嵌入其中。余杭区通过对新型系统的开发和应用，将财务的核心资源整合、核心能力沉淀、核心系统集成，形成财务的专业能力中心，对不同的业务单元进行总协调和支持，提供更敏捷的财务专业解决方案。

在经验交流环节，杭州市交通职业高级中学高级会计师黄莉谈到，要以食堂检查发现的问题为导向，认识食堂财务管理的重要性；以政策为依据，强化责任意识，严守食品成本。学校要深化伙食费管理和队伍建设，依托数字技术，全力解决学生和老师在学校用餐的痛点难点问题，助力杭州"美好教育工程"。

2024年5月22日,杭州市第八届教育财务管理研究研讨会与会人员合影

西湖区教育会计服务中心业务主管郑彧哲表示,面对数字化改革迭代深化,管理质效面临挑战。为了提高工作效率和简化工作流程,编撰报销手册、细化标准操作是一个好的策略。在架构工作指南时,需要剖析具体案例,深化探讨研究,明晰业务步骤,强化实操技能,统一工作标准,科学地规范财务管理,充分发挥财会监督作用,赋能高质量发展。

杭州市教育科学研究院郭建平对2023年普教系统工作进行总结,对2024年工作思路进行汇报。他提出,要坚持"凝心聚力"的初心,坚持"以研促训、以研促学"的宗旨,不断推动杭州教育财务研究。教育财务工作者要做到遇事不推卸、不逃避责任,懂得总结、反省和复盘,在工作中要拥有自我更新的能力,在实践研究中要强化沟通思想、符号意识,提高思辨能力和学习能力。有研究才有效率,有研究才有成长,有研究才有特色,有研究才有突破,有研究才有快乐。

此外,研讨会上还举行了2023年度课题研究论文评比、科研特色证书、科研组织工作先进个人和集体奖牌的颁奖仪式,以及以"中小学校设置财务部门的利与弊"为题的辩论赛,助力杭州地区教育财务高质量发展。

（此文刊登在2024年5月30日《中国会计报》App,题为"浙江杭州市举办第八届教育财务管理研究研讨会"）

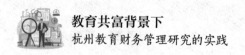
▷ 课题开题论证会

课题研究提升财务品质
专家引领助推专业成长

董　悦　吕莉莎

"人间四月芳菲尽,山寺桃花始盛开。"在这样一个春暖花开、充满希望的美好季节,西湖区教育会计服务中心全体成员欢聚一堂,举行了一个别开生面的课题开题论证会,共同见证西湖财务人的财务研究。本次活动邀请浙江省教育会计学会秘书处孙振华处长和杭州市教育科学研究院郭建平老师莅临指导。

课题内容丰富,人员参与面广。本次课题开题论证会,立项课题11个,研究内容丰富,参与人员面广,有74.4%的财务人员参与研究。陈斐老师探讨数智教育下缴费模式数字化转型问题,结合热点话题,具有前瞻性,对实际工作有很大的参考价值。吴笑梅老师提出构建统一财务信息化管理平台,具有极强的实践意义。陈方婧老师研究预算绩效评价,结合区教育局的财务分析平台,从财务数据角度切入评价预算绩效。杨绚老师探讨资金绩效审计评价,根据中心的审计工作,通过相关课题研究加强工作认知、提升工作效率。周琬宇老师关于政府采购的内控制度提出了相关的研究成果,通过完善内控制度促进学校管理效能的提升,能为学校提供很大的参考价值。沈晨老师根据实际工作中遇到的难点,立项探讨了关于集团化办学财务管理的研究。钟毓老师结合疫情对财务工作的影响探讨了培训经费支出的结构变化及思考。徐睿老师以中小学校内部控制为切入点,进行了体系构建与自我评价的研究。郑轶男老师结合当下业财融合的大背景,研究财务人员应如何进行素质提升。朱江威老师从普通会计的角度思考如何提升财务人员的素养,进行工作转型。郑彧哲老师从行政管理的角度研究教育系统财务人员业务培训的课程架构与实施研究,紧密结合工作实际,具有很强的西湖教育财务特色。

指导专业精准,鼓舞振奋人心。根据各个课题组负责人的报告,孙振华老师和郭建平老师充分肯定了每个课题的选题视角和研究价值,对课题的研究思路及成果给出了专业而精准的宝贵意见与系列建议,为进一步完善课题奠定坚实基础。同时,还鼓励我们一线财务人员,在西湖区良好的学术生态氛围中,要做好职业生涯的规划;要形成科研财务文化品牌,突出特色与专业化;要提升研究能力,扎实过程性研究;要紧跟新形势,结合注重成果的体验,发挥领域优势,打造西湖教育财务特色的专业团队。

聚焦财务转变,提升财务品质。施桂萍主任做总结发言,首先向莅临指导的两位专家表示诚挚的感谢。他们细致的指点,让课题的研究方向更明确。她客观分析了我们中心人员结构,提出年轻团队成员需要更多的思考、更多的创新与挑战,要在一次次活动中、在一次次学习中,让自己得到锻炼、能力得到提升。要不断转变财务人的思维模式、行为方式,聚焦提升财务品质、聚焦提升学校服务,实现教育财务科研普及化、常态化、过程化,且行且思,且悟且进。在“十四五”新征程中,课题研究要做到“人无我有、人有我优、人优我精”。

明确研究方向,坚定研究信心。经过4个多小时的课题开题论证会,从课题负责人精彩汇报、参与人员观点发表到专家一针见血点评,让大家都收获颇丰,更加明确了研究的方向,坚定了研究的信心。孙振华老师和郭建平老师对西湖区教育会计服务中心课题研究给予了充分肯定与殷切关怀。我们相信,在大家的共同努力下,我们的课题之行定会繁花似锦、一路欢歌!

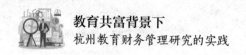

▷ 杭州—海宁交流

交流提升　力学笃行　积跬致远

楼 骅

人间四月,春暖天艳,书香氤氲。2023年4月13日—14日,我有幸在海宁市高级中学参加了杭州—海宁"教育财务管理交流研讨会",两天的学习丰富且充实。专家们精彩的讲解,为财务工作打开新的思路,使我在两天的学习中收获了豁然开朗的喜悦,实现了为精神补钙、为思想充电、为工作赋能的目标。现结合个人的学习收获,谈几点心得体会。

一、拓宽视野,丰富知识

(一)教授授之以鱼,理论知识充电

本次活动邀请初宜红老师解读《中小学校财务制度》修订背景及内容。虽然《中小学财务制度》已经从2022年9月1日起开始实施,但是我还未曾对该制度进行深度的学习,初宜红教授深入浅出的授课加深了我对《中小学校财务制度》的理解,对"五个严禁"和"二十三个不得"有更加清晰的认识,进一步完善我的知识体系,提升了我的理论素养。回到学校以后,我计划认真梳理以前年度制定的学校各项财务制度,根据《中小学校财务制度》的要求及时进行修改与调整,提高资金的使用效益,为学校教育教学工作做好服务,促进学校健康发展。

(二)专家授之以渔,提升科研能力

专家林靖伟主任和王晓霞老师对课题的点评和建议,施桂萍主任的《课题研究助推财务管理》经验分享,让我对做课题有了新的认识。实际工作中离不开课题研究,二者相互依赖、相互促进、相互提高。课题研究是想

方法,实际工作是做事情。想的方法只有在做的过程才能发现是否合适、存在什么问题,进而,对方法进行修正和完善。

因此,我要以科研的思路去重新审视工作过程,发现问题,思考问题,平时要注意数据和案例的积累,在案例的基础上总结经验,形成解决问题的策略,并通过实践使其得到验证和完善,从而使财务工作逐步向最优化方向发展,同时也使自身的业务能力得到提升。

二、启迪思路,活跃思维

在圆桌大讨论、现场经验交流会环节,大家对于预算一体化的运用、劳务费发票的开具、档案管理、食堂管理等问题进行经验的分享与交流,对工作的指导性很强,帮助我进一步厘清工作思路,我将对照我校的财务管理中存在的问题,汲取有效的工作方法,推动财务工作再上新台阶。

三、找准差距,明确方向

参加此次知识盛宴,我深感幸运。在研讨会上,大家交流认识、碰撞观点、明确思路,让我受益匪浅,我也认识到自己的不足和有待提高的地方。虽然研讨会结束了,但是学习的脚步不应停歇。学后应思,思后应为。我应将所学、所感、所悟应用到财务工作中去,努力成为专业扎实、视野开阔、能力卓越的高素质、复合型财务人员,以更高的标准和要求立足财务工作。

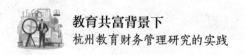
学有所得　行有方向

张思思

　　人间四月芳菲尽。在这春暖花开、万物复苏的季节,杭州、海宁两地的财务管理人员开展了一场破冰之旅。4月13日—14日在海宁市高级中学,由浙江省教育会计学会、杭州市教育局计财处、海宁市教育局主办,海宁市高级中学承办,海宁市教师进修学校、海宁市预算会计核算中心教育分中心协办的以"借力课题研究　助推财务管理"为主题的杭州—海宁教育财务管理交流研讨会隆重举办。杭州市教育科学研究院郭建平主持活动。

　　此次研讨,采用线上线下相结合的方式进行,参会人员主要是来自杭州市各区教育会计核算中心负责人和骨干财会代表、海宁市预算会计核算中心教育分中心和海宁市中小学财务人员。研讨会现场专家云集,干货满满:海宁市教育局副局长马海滨,浙江省教育会计学会副秘书长、《浙江教育财会》编辑部、秘书处主任林靖伟出席并致欢迎词;山东财经大学会计学院初宜红教授对《中小学校财务制度》修订作了介绍和解读;杭州市西湖区教育会计服务中心主任施桂萍以及杭州市萧山区教育局会计结算中心主任莫伟军带来课题研究的经验交流。

　　13日下午的课题论坛上,来自海宁市预算会计核算中心教育分中心的两位课题负责人金瑞明主任以及周涛老师分享了自己的课题,浙江省教育会计学会林靖伟、王晓霞老师对课题进行精彩点评,给两个课题提供翔实且有针对性的建议,与会人员也在课题科研上获得了丰富的经验,尤其是金瑞明主任的《"专业能力与职业素养"视角下教育会计团队建设的研究》,依靠实地调研,数据翔实,从多角度、多维度阐述了会计团队建设中人员的基本现状及存在的问题,让大家知道课题研究不是闭门造车,而要走出去,坐在办公室看到的都是问题,走到基层去,看到的都是方法。

为了更好地促进海宁、杭州两地会计交流,研讨会上杭州和海宁的财务代表以"监管与服务并重,需求与规范同行"为主题,就海宁、杭州财务融合问题和当前热点、难点问题展开热烈的讨论,全场与会人员纷纷参与,掌声不断,掀起大会新高潮。4月14日,杭州团队听取了海宁市预算会计核算中心教育分中心主任金瑞明对中心相关情况的介绍,海宁市高级中学主办会计吴可人对海宁特色片组活动的介绍。在交流过程中,杭州和海宁的财务代表分享了各自的经验和方法,并共同探讨了解决问题的方法。这种交流和分享的方式非常有益,有助于我们更深入地了解两地财务管理工作中的挑战和机遇,此次破冰之旅完美结束。

我感到非常兴奋和振奋。此次研讨会可谓是教育财务管理研究的饕餮盛宴,干货满满,收获颇丰。我非常庆幸有机会能参加此次的盛宴,在努力汲取这次研讨会的新知识、新理念之外,也要不断检视自身的不足,向前辈们努力学习,通过不断的自我提升和交流,贡献新一代财务人的微薄之力。

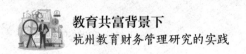
运海抟扶　乘流击汰　真抓实干　勇立潮头

郑彧哲

2023年4月13日—14日,杭州—海宁"教育财务管理研究"交流研讨会在海宁市高级中学顺利举行。活动由浙江省教育会计学会、杭州市教育局计财处、海宁市教育局主办,海宁市高级中学承办,海宁市教师进修学校、海宁市预算会计核算中心教育分中心协办。活动由杭州市教育科学研究院郭建平老师主持。

本次交流研讨围绕"借力课题研究　助推财务管理"这一主题,开展《中小学校财务制度》专题讲座、课题指导、经验交流、圆桌大讨论、课题推广、现场学习交流会等活动,形式多样、内容前沿、意义深远。

走进会场,宣传片《弄潮儿向涛头立》映入眼帘,当即我被这片名所吸引。我想,举办本次活动和参加活动的我们可不就是教育财务界的弄潮儿吗?

一、深入研究,精进专业,是弄潮儿的学习姿态

海宁市预算会计核算中心教育分中心主任金瑞明的《"专业能力与职业素养"视角下教育会计团队建设的研究》在课题指导环节就给我留下了深刻的印象。有扎实的数据分析,有清晰的逻辑架构,有巧妙的内容设计,有丰厚的文字水准,专家林靖伟主任这样总结了这篇课题的优点以及研究价值,并提出了优化的建议。海宁市预算会计核算中心教育分中心周涛作课题《中小学校财务分析能力提升路径的思考》报告,非常契合财务管理实际的需求,专家王晓霞老师进行了点评并给出了提升建议。因为需要,所以研究。这两篇课题源自工作实际需要,源自财务管理的发展需求,让我

看到了他们带着问题做研究,带着思考深入研究的冲劲。

施桂萍主任在本次活动上作了《课题研究助推财务管理》主题演讲,交流分享"西湖范式"经验,倡导"用科研的方式提升财务的品质,用管理的绩效凸显科研的价值"。深入研究与精进专业是相互借力,互推共进。我想,发动财务工作者深入研究,精进财务管理,这也是我们"西湖范式"的经验之一。

二、牢抓规范,严防风险,是弄潮儿的工作信守

我有幸亲临现场聆听学习,并分享了和施桂萍主任合作的课题《教育财务人员业务培训的课程架构与实施研究》,给我非常大的鼓励。

本次活动特邀山东财经大学会计学院初宜红教授对《中小学校财务制度》修订的背景及内容作详细的解读。初教授作为制度的修订者,对制度修改的字眼都做了标注,并结合实际背景和案例进行相应解析,带给我们最前沿的信息,指出了教育财务管理规范发展的趋势。

圆桌大讨论以"监管与服务并重,需求与规范同行"为主题,对团队管理、素质提升、预算调剂管理、劳务费开票、图书资产管理展开了探讨,有问有答有讨论,现场反响非常热烈。在现场学习交流会上,海宁核算中心金瑞明主任介绍了他们在党组织全面领导下的业务工作与特色项目,他们同样也借助培训来增强财务人员的业务能力,并积极探寻着更适合他们的业务管理模式。随后,杭州、海宁的同仁就浙里报、收费管理、食堂管理、劳务费发放、中心业务模式设置等话题展开了讨论交流。

经验交流环节,杭州市萧山区教育局会计结算中心主任莫伟军从完善内控体系架构这一切入点,分享了如何运用流程技术实现课后服务费收支管理。让我感触到在深入文件学习的基础上,要进一步通过完善制度建设,创新改进管理方式,优化财务管理手段,才能把文件精神贯彻落到实处,强化风险防控,规范教育财务管理,更好地服务教育事业均衡优质发展。

"运海传扶,必借垂天之羽;乘流击汰,必仗飞云之楫。"学术舞台焕风采,好比垂天之羽,真抓实干做研究,便是飞云之楫。

杭海两地教育财务弄潮儿乘风破浪,勇立潮头奔向前。

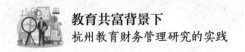

▷ 辩论赛

辩论启迪人生　辩论助我成长

——"第二届教育财务管理研究"研讨会之辩论赛

钟友余

2018年5月30日,杭州市教育局和杭州市财政会计学会联合举办"2018年杭州市教育财务管理研究学术沙龙"——大辩论,辩论主题为"学校实行会计服务外包的利与弊"。

本场辩论现场可谓唇枪舌剑,八名辩手一个个跃跃欲试,都拿出自己真货实材。无论是从文件政策的精神和意义,还是结合理论知识的铺垫,结合数据加以论证,八名辩手都充分阐述己方的观点。而在这场战斗力异常激烈的辩论赛背后,可以用八个字来形容,即"相识,相熟,相杀,相爱"。

相　识

5月14日,八名辩手与郭建平老师、沈丹琪老师两位指导老师组成的辩论队,通过微信群联系在一起。辩手们从不同学校选拔过来,有的互相认识,有的是初次接触。两位指导老师在群里组织了破冰环节,让大家简单地自我介绍,彼此熟悉起来。郭老师将事先精心整理的会计外包相关资料分享到群里,让我们先了解了解辩论内容。

相　熟

5月16日,辩友们怀着焦虑、忐忑、紧张的心情参加了的辩论赛培训。本次辩论赛规格之高、赛事之隆重,对于我们首次参加辩论赛压力格外大。通过郭建平、沈丹琪两位指导老师整体辩论赛工作分配、工作规划、流程培训、主题解析,我们的压力也烟消云散。沈丹琪老师从辩论赛流程、辩论赛技巧、辩论赛规则方面给大家做了普及,让我们对整体辩论赛活动环节有了初步了解,又通过对主题会计外包资料的分析,为我们讲解正方可以通过哪些维度去论述,反方会从哪几个维度去辩论。知己知彼,方能百战不殆。沈丹琪老师的分享让我们了解到要从全局角度出发,不局限于己方问题考虑。两位指导老师考虑到大家都是初次参加辩论赛,对于辩论赛没有什么实战经验。八名队员分成正反两方,指导老师担任评委,模拟真实辩论情景进行辩论,对于辩论中优质观点、存在的问题进行梳理总结。指导老师通过模拟辩论环节,分析辩手各自的能力特点,为大家分配了辩论顺序。当我们再次回到圆桌上进行探讨的时候,各方都给出了自己初步的论点,但是支撑论点的论据对于辩友们来说并不简单,可惜时间过得太快,在激烈的讨论中结束了我们的第一次辩论赛培训。

相　杀

　　虽然第一次培训很快就结束了,我们各自回到了自己的岗位上继续完成烦琐的财务工作,但大家抽出晚上时间,在群里阐述自己观点,集思广益。沈丹琪老师梳理大家收集整理的资料,分享论据收集要素如案例、数据、论点等。大家将各自收集到资料再分享到群里,无论多晚,沈丹琪老师都对于资料中存在问题提出修改意见,通过微信、电话等方式进行沟通。沈丹琪老师也是帮助辩友们进行多方面的资料收集,通过电话、微信甚至亲自拜访的方式听取多方专家的意见,为辩友们提供了指导性的意见。

　　辩论赛不同于其他形式活动,需要线下真实情景辩论。5月23日,两位指导老师安排了第二场培训。通过一周的时间准备,辩友们对于辩论主题有了深刻见解,论点、论据准备得非常充分,说话的底气更加充足了,大多数辩手形成了文字稿。但是,辩论经验不足,没有很好地掌握辩论技巧,致使辩论中没有很好地围绕论点开展辩论。沈丹琪老师作为正反方中间最重要的人物,从如何准确定位辩论顺序,如何有效表达各自辩手的观点,如何将各自辩友的观点融会贯通,又如何整合双方观点,使得整场辩论赛有精彩的赛点等方面,梳理了八名辩友们各自的稿子,并对各个辩友进行

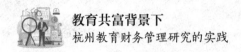

了一对一的指导,不仅仅是讲稿的内容,还有辩论时的语气,都进行了详细的指导。下午通过模拟形式进行了首次辩论,模拟辩论中充满着相杀的火药味,从立论、驳论、质辩、总结陈词,整个辩论的雏形基本已形成。

但是辩友的讲稿依旧存在需要改进的地方,而距离真正的辩论赛的时间仅剩下一周的时间了。为了更好地将各方的论点有力、准确地表达出来,辩友们的稿子一改再改,前前后后有四五次。大家放弃周末休息时间,在郭建平老师的召集下,再次进行视频模拟辩论。郭建平老师和沈丹琪老师一直陪着我们八名辩友,给我们多次进行个别指导。

相　爱

本次辩论赛的准备时间不长,加上月末财务工作量非常大,有些辩友们激情略有淡化,但是大家互相鼓励。抛开辩论,我们收获到很多,思维的碰撞、对于辩题的理解、课题的研究,这一切早已胜过最后辩论的胜负。我们抱着"重在参与"的心态,参加了最后的大辩论。现场的氛围紧张、激烈,将本次的学术沙龙推向了高潮,辩友们精彩的辩论博得了评委们的好评。

虽然辩论赛最后的结果总会分出胜负,但是辩论的背后,散发着一股神秘的团队力量。正是有了本场辩论赛,我们对于辩论主题的认知已不再是争论会计外包是利还是弊,而是进行了思维的碰撞,对辩题有了更深入的研究。辩论启迪人生,辩论助我成长。从本质的角度、实际的角度看,这次辩论赛使我们有了更深刻的认识,对于今后的课题研究有着重要的意义。

辩论赛前的讨论学习——沈丹琪老师辅导

研以促学　以辩促思

——"第八届教育财务管理研究"研讨会之辩论赛

何嘉辉

2024年5月22日,由浙江省教育会计学会普教系统和杭州市教育局计财处主办、拱墅区教育局和拱墅区教育会计结算中心承办、华东师范大学附属杭州学校协办的"第八届教育财务管理研究"研讨会在拱墅区如期举行。

作为承接上午各区县骨干老师主题报告分享和获奖仪式的节目,下午的辩论赛聚焦了省内省外教育财务同行的视野。八位来自市直属学校和各区县单位的参赛辩手在华东师范大学附属杭州学校的报告厅舞台上演了一场精彩辩论比赛。双方辩手围绕辩题"中小学校设置财务部门的利与弊"各抒己见,在辩论中将现有政策与工作实际相结合,以逻辑之名,寻真挚之理。

随着《中华人民共和国会计法》《中小学校财务制度》等法律法规和规章制度修订或更新,近年来,"中小学校设置财务部门"的话题逐渐受到关注。2022年修订的《中小学校财务制度》的第七条款规定,中小学校应当指定专人主管财务工作,配备财务、会计人员,并根据需要合理设置财务部门,对学校的各类经济活动实施管理、核算和监督。

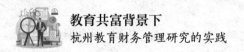

本次辩论赛旨在通过讨论和思辨,深入理解中小学校设置财务部门的利与弊,对是否需要设置财务部门展开大辩论。通过辩论比赛,让广大中小学校教育工作者提高对教育财务工作的重视,引起管理层的注意,落实中小学财务制度,通过巡察督导来推动各地中小学校设置财务部门的工作。

双方辩手在立论、反驳、对辩、自由辩论、结辩五个阶段围绕正反观点展开激烈的辩论。

立论阶段

正方一辩临平区教育局姜淇筌陈述了正方的观点。她从财务部门的设置是提高教育资源使用质效的基础、促进财务队伍稳定发展的关键、增强学校风险防范能力的支撑、提升学校财务服务质量的保障的四个层面,认为中小学设置财务部门的利大于弊。

反方一辩杭州市旅游职业学校顾茜认为,财务室由总务处或办公室牵头,不仅可以分担财务人员的管理压力,让财务人员专心提高财务知识和综合素养,利于学校精简部门,便于统一管理。顾茜陈述了反方的观点,认为中小学设置财务部门的弊大于利。

反驳阶段

正方二辩余杭区教育局马丽萍针对正方的增加管理成本、不利于统筹决策等观点进行了反驳,认为专业的财务部门对于学校的统筹决策和长期发展具有重要价值。

反方二辩杭州市财经职业学校楼骅针对正方财务队伍、内部控制体系建设等观点进行反驳,认为影响财务服务质量的关键是财务人员的专业能力。

对辩阶段

正方三辩拱墅区教育结算中心杨晶晶和反方三辩杭州文汇学校郑宗涛各自强调了本方观点,针锋相对。

杨晶晶表示从宏观层面看,财会监督作为党和国家监督体系的重要组成部分,而各单位主体设置独立的财务部门能够提升财会监督的实施效果。

郑宗涛则表示,出于管理考虑,将财务人员挂靠在办公室或总务处等科室的下面,可以更好地实现资源的共享和管理的协同,也能帮助财务人员更加了解学校事务。

自由辩论环节

正反双方八位辩手在围绕中心辩题你来我往,进行了一场思想上的碰撞,赛场上的气氛热烈非凡,选手们言辞犀利、思维敏捷,不断抛出一个个精彩绝伦的观点和论据,让观众和评委大呼过瘾,将全场气氛推向高潮。

结辩阶段

正方四辩西湖区会计服务中心杨苗苗对正方观点进行总结,认为设置财务部门有利于完善组织架构,精细财政支出;有利于强化财务队伍,促进业财协同;有利于深化内控建设,提升监督效能。

反方四辩上城区教育发展服务中心茅敏丹对反方观点进行了总结,认

2024年第八届教育财务管理研究研讨会辩论赛颁奖

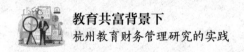

为不设置财务部门,有利于精简部门设置和人力配备,有利于促进业务与财务的深度融合,有利于实现财务管理的高度统一。

比赛结束后,场下评委专家们对比赛予以点评和总结。辩论赛中的双方选手才华横溢,他们引用政策法规,用精妙的论述和独特的见解征服了在场观众和评委,让人叹为观止。紧紧围绕"中小学校设置财务部门的利与弊"的辩题展开,有理有据,让在场观众看到了双方对于教育财务管理领域新思想、新思路的交锋,感谢九位"90后"的青年教育财务研究者们为大家带来的精彩表演。

一场辩论赛是画上了句号,但后面要走的路还很长。我们"90后"要不断地迭代思维,拥抱变化,不管是否设置财务部门,都要遵守职业操守,认真地做事、做人,思想到位、态度到位、责任到位,养成良好的工作习惯,努力地提高管理技能,成为一个优秀的教育财务人。

▷ **基层调研**

推动财务队伍建设　共筑教育财会新高地

茅敏丹　郭建平

"试水破冰再出发。"为加强对基层中小学财务人员的了解,同时向老会计了解中小学会计工作的历史,浙江省教育会计学会普教系统在全省选择县级会计核算(结算)中心进行调研,旨在推动中小学财务队伍建设,提高普教系统财务管理水平,共筑教育财会新高地。

"千年古生态,山水秀长兴。"湖州长兴县是此次调研活动的首发站。2023年7月20日至21日,由杭州市教育科学研究院,浙江省教育会计学会理事、副秘书长、中国教育会计学会基础教育委员会委员郭建平带领的调研团队,赴长兴县开展中小学财务人员基本情况调研活动。长兴县教育财务核算中心许万国主任及全体会计、部分学校财务人员参加调研活动。

许万国首先介绍了核算中心的发展历程以及整体情况。从2000年中心成立至今,已经走过23年历程,管理101所学校(单位),"精通业务、精准核算、精心服务"是中心多年来始终秉持的品牌。通过业务辅导、小组培训、师徒结对等不同形式,努力提升长兴县教育财务力量;通过统一管理、分校核算模式,以问题"挂号制"为抓手的事前监督,实现财务核算与监督两大重要职能;通过"一站式"服务场所与服务理念,打造具有"掌上活字典"之称的公众号,精心为学校提供财务服务。在许主任的引领下,中心每个人责任心和敬业精神非常强,中心在做好行政财务的同时还对食堂、工会财务进行监督管理,参加内部审计检查工作。长兴县教育财务在实践中探索,在探索中完善,瞄准高标准,积极推动教育事业高质量发展。

浙江省教育会计学会普教系统一直以来坚持以科研赋能,辐射全省各

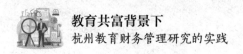

地,通过科研焕发全省财会力量。长兴县省课题申报已实现零的突破。在调研活动中,郭建平老师专题分享《改变从研究开始》,为长兴县的课题研究把薪助火。郭老师从研究意义、选题角度、研究思路和未来方向4个层面展开,用丰富的实践经验和优秀老师的成长经历,以长兴教育财务的工作场景为载体,生动形象地为长兴县教育财会科研发展赋能提质谈了他的思考。通过反复研究和深入思考,梳理和砥砺自己的思想,交流和传播自己的经验,反思和批判自己的实践,记录和留下生命的痕迹,让教育科研之路永不止步,让教育科研精神弘扬传承,为教育财务管理注入无限活力。

本次活动主要安排两个部分调研内容。

第一部分是分线上和线下对教育财务人员基本情况进行调研。通过对长兴县教育财务核算中心全体会计以及部分学校财务人员共20余人面对访谈,以问卷调查和座谈会形式,了解财会人员的会计之路、对岗位的自我评价、对会计人员职业道德认识、现在工作的满意度以及需要获得的帮助等内容。通过这些财务人员的阐述,全面了解长兴县一线财务人员的工作现状和实际需求。

第二部分是教育财务老同志谈会计人生。以现场访谈形式,了解他们不平凡的人生经历、在平凡岗位上见证伟大事业的人生事迹,从言语中感受老会计对伴随自己一生的会计事业深深的热爱与眷恋。

长兴县教育财务核算中心工会主席彭银凤是即将退休的老会计。在访谈中,我们了解到彭老师从事财务工作25年,从语文老师到数学老师再到音乐老师,是个多才多艺的老师。为解决学校的困难,也不辜负学校对她的信任,她又从出纳转型从事专职会计工作。她认为,财务涉及的知识非常广泛,政策变化大,要具备多角度看待、思考问题能力,为了更好地做好本职,考出会计证,她始终秉持初心立业德。正如她评价自己时所说:"平平淡淡,脚踏实地,说事实,讲真话,干一行爱一行。"在请她对年轻财务人寄语时,她说:"财务人要坚持学习,守正创新,持续提升会计专业能力,不断适应新形势新要求。"

本次调研活动得到长兴县教育财务核算中心的大力支持,取得圆满的成功。调研活动的最后,郭建平老师对长兴县教育财务人员提出4点寄语:

一是提高专业技能,培养自主学习、主动学习意识;二是做好职业规划,不断自我提升、锻炼和夯实内功,精益求精,从而实现自己的职业价值;三是加强沟通交流,学会为自己发声,培育自己的共情能力、体会别人情感,打通情感通道;四是提高数据敏锐度,有效防范财务风险。教育财务人因为"心中有火,眼里有光,脚下有路",携手奋进,共创教育财务管理璀璨明天。

（此文刊发在"中国教育会计学会公众号"）

走进湖州市长兴县教育财务核算中心

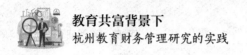

乘财务调研之风　谋提升突破之路

楼　骅　郭建平

为更好地了解基层中小学财务人员的现状和需求,记录教育财务老同志在平凡岗位上不平凡的事迹,2023年7月27日至28日,杭州市教育科学研究院、浙江省教育会计学会理事、副秘书长、中国教育会计学会基础教育委员会委员郭建平带领其调研团队,赴绍兴嵊州市开展调研活动。嵊州市教育体育局财务基建科副科长、会计核算服务中心主任黄科铭和会计核算服务中心副主任沈小阳及全体会计参加调研活动。本次活动主要安排了4部分内容。

一、黄科铭主任介绍会计核算服务中心基本情况

欢迎并感谢浙江省教育会计学会普教系统一行能来到我们中心调研。核算服务中心现有职工19人,自2002年成立以来,在规范会计行为、提高会计信息质量、加强财政资金监管和推动党风廉政建设方面均取得了较好成效。尤其重视食堂财务管理,中心早已将食堂账务纳入统一核算,规范成本核算、收支管理,准确及时地反映食堂经济运行情况。另外,中心计划后续开展全市性财务培训,提升学校总务、财务的理论水平,达到业财融合,提高财务管理水平。同时,开展对于中心财务人员的专业发展培训,通过常态化学习、理论政策培训等多样化学习方式,营造奋进型团队,提升业务水平和服务学校的能力,也希望学会在以后工作中能给予更多的支持和帮助。

二、郭建平老师宣讲《会计人员职业道德规范》

为推进会计诚信建设、提高会计人员职业道德水平,全面理解、把握

《会计人员职业道德规范》内容,郭老师围绕《会计人员职业道德规范》核心精神,通过分析会计人员失德失信案例、解读财经制度及各项管理办法等,对会计人员进行警示教育,揭示财务工作中可能存在的风险,并对参会的会计人员提出三点期望:

一是要有职业敏感性。会计是政策落实的"监督员",是权力运行的"紧箍咒"。要准确把握财经制度和执行规范,并严格参照执行,落实到具体会计工作中,确保每一笔经济业务合法合规。

二是要有角色转变意识。由"重核算"转向"重管理",加强财务数据分析、预算执行监控等财务管理工作,及时反馈学校的财务信息,当好领导的参谋,为领导决策提供准确、全面的信息支持。

三是要热爱和珍惜工作岗位,思想和行动的僵化是最危险、最可怕的。不论工作还是生活都要自律,不断进取,持续充电,不断提升自身专业硬实力,坚守底线,远离红线,坚决不碰"高压线"。

学习后大家纷纷表示,通过郭老师的案例分析、生动有趣的讲解,收获颇丰,要将"三坚三守"内化于心、外化于行,积极落实到日常工作中去,强化会计职业操守、增强履职尽责能力。

三、和会计人员面对面交流

面对面交流环节,刚开始大家还是有点含蓄,不敢说,但是在中心主任的引导下能畅所欲言。大家认为会计队伍年龄偏大,41~50岁占比42%,80%的会计人员均是教师身份,专业知识的缺少影响到会计工作的高效运行。同时希望能有更多的机会走出去看看,在职称上虽然中心领导非常尽力争取,但还是缺少上升的空间,会影响工作的积极性。最后非常感谢浙江省教育会计学会普教系统来到我们基层,跟我们面对面交流学习的机会,更加明确了工作方向,提高站位,做好全市中小学校财务管理工作,继续发挥"服务中心"辐射引领作用,坚持数字赋能促进财务工作迭代创新,为实现窗口型服务,贡献智慧和力量,为"嵊州教育"保驾护航,扎实推进清廉学校创建赋能"美好教育"工程。

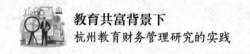
四、采访教育财务老同志谈会计人生

本次的受访对象是嵊州市职教中心已经退休13年但依旧在财务事业上发光发热的沈国维老师。沈国维老师与会计的缘分发生于1970年前后，当时因受教育程度较高，被生产队队长邀请担任生产队的会计。后来沈老师于1982年师范专业毕业，正式成为一名教师，教过计算机、语文、地理等学科，在教书的过程同时兼任学校总务主任、会计工作。中间经历了多次人事变动，最后在职教中心做会计，一直做到退休。

会计电算化实施以后，沈老师的会计师傅只教了他Excel的复制粘贴和单元格边框设置，之前没有接触过Excel的沈老师在工作中遇到了很大的阻碍。于是，沈老师通过买书、电脑杂志等方式，慢慢地学习，从原先的一窍不通，到逐渐精通了Excel等多种软件的使用，并设计了多套Excel表格、小程序，将信息自动化应用到日常工作中，大大提高了工作效率。

沈老师的研究精神为年轻人树立了标杆。他对自己的评价是：喜欢钻研，会自己设计财务账套、编写小程序等；主动学习，活到老学到老；乐于助人，热心帮助每一位来求教的人，有问必答倾囊相授，目前已累计帮助了六七百人。

谈到对年轻人的期望，沈老师说期望年轻人：一不要怕麻烦，要主动学习，应克服惰性，不能因为遇到一点困难就退缩；二要不怕难为情，遇到不懂的问题就及时请教，想方设法把问题解决好。

活动尾声，沈小阳副主任提出，下一步，核算中心为提高财务规范化管理水平，将以"提升会计服务质量"为抓手，通过"走出去"与"请进来"的方式，加强对会计人员的培训，有针对性地开展相关专题讲座等，不断提高队伍的业务水平。同时，完善报销手册的编制，让核算单位有据可依，为核算单位提供更优质的服务。感谢嵊州市教育体育局会计核算服务中心对本次调研活动的大力支持。希望通过本次调研活动，能为中心从服务学校、业财融合、风险防范等方面提供新思路、引发新思考，进一步提升财务管理水平，推动全市教育事业健康有序发展。

▷ 会计人生

扎根财务管理　潜心教育服务

——记西湖区教育会计服务中心主任施桂萍

陈　斐　郭建平

施桂萍,现任杭州市西湖区教育会计服务中心主任、副书记,小学高级教师,中共党员,她忠诚党的教育事业,把"勤恳做事、踏实做人、勤学好问、开拓进取"作为座右铭。1994年8月参加工作,她一直致力于数学教学研究,课题成果和论文多次在省区市获奖。2019年8月,带着组织的信任和厚爱,她到杭州市西湖区教育会计服务中心担任书记、主任。她曾获杭州市优秀教师、杭州市教坛新秀、杭州市第五届教改之星、教育财务科研组织工作先进个人、教育财务科研标兵、西湖区教育系统优秀党员、教育系统先进工作者、西湖区优秀教育工作者等称号。从一线学校到教育局直属单位,从教育教学到教育财务,如何做好管理角色的转变,如何让一个优秀的单位拉高标杆,对她来说是一项新的挑战。在工作中,施桂萍主任始终秉持"服务"意识,中心工作要为西湖教育发展服务,中心领导要为财务人员发展服务。

她是凝心聚力的圆心人,强化队伍管理,服务中心业务。

施主任总是带领班子成员深入群体,坚持单位重大工作,要事重事认真听取意见及建议。常驻西溪点,实时关注职高点,及时了解会计的思想、工作、生活情况,及时跟踪重点关注的几个服务单位情况,及时和会计下校解决问题。组织全体会计参加建党100周年歌党颂党合唱比赛,组织全体党团员自编自导自演清廉微视频《何为廉》,在微视频比赛中获得区一等奖

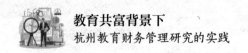

的好成绩。建设"西教后勤"微信公众号,讲好西教财会的故事,聚焦榜样的力量。组织管理团队到区县教育会计结算中心考察学习,"对标谋发展学习拓思路",促进干部队伍专业成长,提升管理团队的战斗力和创造力。统筹群团工作,建好管理梯队,凝心聚力建设"最美同心圆"。

针对系统财务工作新要求,施主任安排组织每月1—2次的业务培训,积极开展专题研讨、观点分享、技能比武、问题反馈等,丰富培训内容和形式,提高会计人员的思想素质、财务知识、业务能力以及沟通交往能力。开展师徒"青蓝结对",通过师傅的"传、帮、带",通过主题培训、自学交流、每月小结等形式,帮助会计尽快适应岗位工作,业务技能和操作水平得到显性提高。

她是开拓进取的把关人,规范财务管理,服务西湖教育。

为规范财务管理,提升服务水平,施主任带领会计及时、正确做好国库集中支付,预算执行管理。要求财务人员认真审核每一笔支付业务,把好财务关。她密切关注每月每季指标执行进度,随时关注学校财务异常情况,及时与会计一起下校调研指导。同时认真撰写调研分析报告,为教育局提供建议当好财务参谋。

她将日常财务检查与主题性财务互查相结合,将教育内审工作与财务常态检查相结合,做到每年检查互查全员全覆盖。每次检查互查都梳理共性问题及难点问题形成"问题清单",落实闭环管理,规范业务标准,促使中心财务处理的一致性、规范性。

她是深耕科研的领路人,引领财务科研,服务队伍发展。

为提升西湖教育财务科研品牌,施主任亲自主持课题研究,引领财务人员紧扣财会发展与改革的新政策、新进展、新问题,区域推进的难点问题,日常财务工作的问题等开展研究。她致力于"用科研的方式提升财务的品质,用管理的绩效凸显科研的价值",引导每一位走到教育财务科研这条幸福的道路上来,真正让教育财务科研改变财务人的思维模式、行为方式,聚焦提升财务品质、聚焦提升学校服务,为绩效管理提质增效。她主持撰写的课题《业财融合下学校财务人员转型及发展路径的探析》在杂志发表并获得浙江省教育会计学会课题三等奖和杭州市教育会计学会一等奖的好成绩。2024年她再次带头主持课题《教育经费绩效管理实施路径的研究》，以课题整体推动区域经费绩效考核评价的改革。2024年《"浙"里"财"十年》科研成果集出版，汇聚了中心2013—2022年近十年在浙江省教育会计学会立项的课题成果。

她创新每年的开题论证会，会上有专家指导和同行间的交流碰撞，活动时人人卷入，人人参与互动。在一次次活动中、在一次次学习中，让财务人员得到锻炼、能力得到提升。施主任的"课题管理三阶段、课题成长三环节、课题内容三导向、日常研究三重视、课题保障三到位"，在杭州市教育财务管理研究研讨会上交流后，提升了中心科研品牌影响力。浙江省教育会计学会杭州分会对中心高度评价，"课题开题活动是杭州市教育财务科研的创举，西湖区做财务课题是杭州市最顶尖的"。中心先后被普教分会杭州分会评为"2017年度杭州市教育财务管理科研先进集体、2019年度科研优秀组织团队、浙江省教育会计学会2013—2020年度学会工作先进集体、浙江省教育会计学会杭州分会教育财务科研标兵工作室、浙江省教育会计学会普教系统2023年度最佳创新奖"等光荣称号。

一个岗位一面旗帜，一个岗位一份责任，无论承担何种分管工作，施桂萍主任都坚守初心、全力以赴。她致力于努力建设好一支信念坚定、专业精深、内心丰盈的财务队伍，推动财务工作向着更高的目标前行，助推西湖教育的高质量发展！

2022年第六届研讨会上施桂萍作主题报告

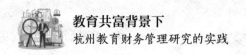
致力标准管理　助力美好教育

——记萧山区教育局会计结算中心主任莫伟军

郭建平　陈锦英

2019年8月，萧山区教育局提出了"美好教育"区域教育整体发展的顶层设计，以及"让校长回归学校，安心管理；让教师回归课堂，安心教育"这一具体要求。作为萧山教育团队一分子的萧山区教育局会计结算中心，又适逢新一轮集中结算内部工作机制调整，如何主动助力"美好教育"，成会计结算中心落实发展要求的一个问题。

第一次认识莫伟军是2018年5月在西湖区职业高级中学组织的2018年杭州市教育财务研究学术沙龙活动上。他是刚从萧山区教育考试中心调任会计结算中心任主任不久。虽然沙龙活动上没有更多交流，但能感觉到他的干劲和谦逊：向大家学习，我是"外行"。

一个偶然的机会，我再次来到萧山区教育局会计结算中心，看到了中心的一系列改变：团队的优化、制度的规范、程序的梳理……员工们由衷地点赞：主任付出了太多的辛苦和努力。这就是内行对一个"外行"的评价。

莫伟军长期在义务段学校担任校长，之前曾任萧山区特殊教育中心、考试中心主任。他撰写的《从普适性培训走向选择性培训——杭州市萧山区特教教师专业培训的实践与思考》《不只是闪耀着人性的光芒——对特殊教育五个基本问题的思考》等60篇文章在各类刊物上公开发表，足见其独立思考能力和创新意识。莫伟军先后担任过萧山区教育系统8个单位的法人，可以说在教育系统的各个领域发挥了积极作用。由于工作出色，他曾被评为杭州市优秀教师、萧山区名校长等。

萧山区教育局会计结算中心主要负责全区228个学校的资金管理、收支审核工作,同时还要参与预算编制、内部审计、账务监督、业务培训等工作。据统计,全区行政会计人员有专业背景的不到40%,30周岁以下的不到10%,基本都是教师兼职。莫伟军曾风趣地说:结算中心是"领导眼中不守规矩的下属,学校眼中蛮不讲理的政府"。面对繁重的工作任务,薄弱的专业底子、严峻的工作环境,莫伟军将如何"长袖善舞"呢?

莫伟军上任后,第一个电话打给了第一职高的校长,向他借了7本会计专业的书籍;第一件事是花了半个月的时间,几乎与全区每个单位的财务人员都进行了座谈——他说这是他经常被"跨界"养成的习惯。萧山区教育局于2006年7月实施集中结算制度,13年过去了,萧山教育财务管理的3.0版本在何方? 莫伟军提出三个核心:让专业的人做专业的事(人员专业化);让数字多跑路;让人少跑路(信息技术化),在内控建设思想和策略指导下,流程再造和版本升级(管理标准化)。标准化财务管理又是什么? 莫伟军认为:基于职能范围和行业规范,针对正常的、关键的财务工作,通过流程梳理、风险排查等手段,制定并实施组织财务活动和处理财务关系过程中包括程序、职责和方法等内容的标准化制定。在这一过程中,在宏观上,审时度势,把握财会业务工作今后发展方向和基本要求,实现从核算型财务向管理型财务转变、把预算控制和资金收支审核相结合,严格执行国家和行业有关定额和开支标准。

于是,视野和行程逐渐聚焦于以下两个方面:第一,整体性建构。确立了"以服务教育为使命、以执行标准为始终、以收支监督为边界"三条行动纲领和"标准常领会、效率常提升、专业常示范、学校常走访、诉求常传导"五个工作维度。第二,标准管理化。对五个工作维度上的工作制度进行新一轮研究、周全和规划。首先,"盘存货",结合现行政策和工作实际,对先前内部的机制运行进行一次全面的评估。其次,"轧龙门",对关键控制节点的制度和流程进行完善和版本升级,用下位的文件对先前上位文件较为重要、需要具体规范的事项进行明确。最后,"编预算",构建以预算管理为主线,以资金管控为核心的内部控制体系。

莫伟军认为,教育财务管理处在从"粗放"走向"精细"、从"经验主义"走向"科学管理"的过程中,内部的思想认识和管理机制还不成熟;另一方面,财政管理、反腐倡廉等方面的政策在宏观层面的高度统一性与基层学

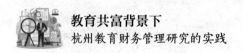

校实际需求的多样性之间存在着冲突。因此,我们的工作面临着巨大的困难和挑战。在这样的背景下,我们结算中心需要从宏观层面的使命、机制、职责,以及微观工作的维度、项目和策略进行深入的思考和系统的定位。他的《致力标准管理,助力美好教育——集中结算管理制度汇编》全方位地展示了他的工作思考和路径。

发展不会一蹴而就,莫伟军说,在《工作架构与制度目录》上还有许多留白,在今后工作中必须建立但当下条件尚未完全成熟的工作机制,进行提前规划,试图通过持续对相关工作机制的文本固化、实践尝试、不断完善,从而使思路更清晰,流程更顺畅,标准更科学,避免在低层次的经验重复,提升管理的科学性。

莫伟军来到中心后有计划地开展财务人员培训学习。他认为,人本管理的核心是组织目标与个人目标的一致,而专业培训就是其最重要的载体。2018年下半年,区教育财务人员财会技能提升专题培训班在厦门理工学院开班,通过行政事业单位财务管理与风险管控、单位审计发现问题分析及违规责任、政府会计制度与政府会计准则政策解读与操作实施等课程的学习,拓宽了视野,提升了财务人员的理论和业务水平。平时通过业务例会、研判小组、专题交流等方式,为财务人员打造多层次、多形式的学习交流平台,促进大家做到学、思、用贯通,知、信、行统一。

财务工作创新更是莫伟军的一把利器。财务工作创新要有重点、有步骤、有预案,加强与基层学校的良性互动,以问题为导向,做到稳中有进,让创新更有价值,积极探索适合自身特点的新模式、完善一系列的规章制度,例如,教育财务视导制、会计结算制度的实施意见、实行动态监管制度、完善结报标准研判课题机制、业务学习例会制度、完善"一站式"结报机制、建立结报业务"挂号销号"制度、制定和执行行风建设10项要求等,推动财务管理规范化建设水平上新台阶。

新时代的财务工作任重道远,使命重大、光荣。莫伟军信心满满地表示,将坚定不移地以习近平新时代中国特色社会主义思想为指导,深入研究实际问题,提出解决新思路,补齐工作短板,打造特色亮点,努力推动萧山区教育局会计结算中心财务工作向着更高的目标、更美好的未来不断前行。

（原载于《视界观》2020年总55期,收入本书时有修改）

奋楫扬帆破浪行　勇立潮头守初心

——记杭州市拱墅区教育会计结算中心副主任占丽萍

陈赞迪

　　致知力行,她扎根一线岗位潜心历练;踵事增华,她始终躬行践履成就精品。她是心思细腻的管理者,也是风风火火的行动派,作风朴实、工作扎实、任务落实。"凡事有交代,事事有回应,件件有着落"是她一贯奉行的行事原则,"多一份责任,多一点耐心,多一些理解,多一些鼓励"是她恒久坚持的处世态度。她是占丽萍,中共党员,高级会计师,大学本科学历,2011年加入杭州市拱墅区教育会计结算中心,目前担任结算中心副主任。

一、以勤为桨,匠心强技

　　知者行之始,行者知之成。知之愈明,则行之愈笃;行之愈笃,则知之益明。工作以来,从企业财务到准上市公司财务经理,从结算中心会计到主任助理,从教育内审组组长到结算中心副主任,占丽萍步履不停,无惧无畏,顺利完成了多次角色转变。无论身处什么岗位,她始终有着"海绵式思维",时刻保持"吸收"热情,接触新事物,挑战新难度,强技立岗,匠心铸魂。她是结算中心新政策、新制度的一号传播者和钻研者,第一时间向同事们进行解读和释疑。多年来孜孜不倦,笔耕不辍,即使工作繁忙,仍保持着每年或隔年申报研究课题、撰写学术论文的习惯。撰写的《加强内审结果运用助力推动教育发展》获杭州市内审协会2019年度"内部审计结果运用"成果评比二等奖;《教育系统内部审计整改的现状与优化研究》获浙江省教育会计学会2021年度优秀科研课题三等奖。近几年被评为浙江省教育会计学会杭州分会教育财务科研组织工作先进个人。在会计专业学习

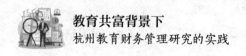

的道路上也从未停止前进,从初级会计师到中级会计师、中级经济师、高级会计师,通过多种形式提升专业水平,同时也影响着身边的财务伙伴们。

二、以爱作帆,担当奉献

疾风知劲草,烈火见真金。占丽萍严于律己,以身作则,不论遇到怎样的困难,她总能不辞辛苦,做好表率,将担子扛在肩上。在同事病产假、全员满工作量的艰难时期,她多次义无反顾、主动申请接过多家单位的会计职责,舍弃休息时间,尽心尽力将各项工作保质保量完成。目前累计负责过近五十家学校单位的会计核算工作。即使是担任领导职务,她仍负责着2~4家区内体量较大、业务复杂的学校的财务工作。多年来一直身兼数职,肩负多岗,保持长时间、强节奏的工作,但她满怀工作热情,任劳任怨,用耐心的态度、奉献的精神温暖着身边的每一个人。

三、以德把舵,精益求精

唯其艰难,方显勇毅;唯其磨砺,始得玉成。教育内审工作对于内审组长的专业性、原则性的要求很高,占丽萍在近五年的教育内审组组长任职期间,讲方法,对内审工作流程、整改工作内容、审查重点难点等都有着清晰的思路;重沟通,与被审计学校单位保持良好的沟通,引导学校重视整改过程中的长效机制建立。被浙江省审计厅评为2017—2019年内部审计先进工作者,并作为杭州代表受邀在全省内审会议上进行经验分享。在区划调整、两区合并后,结算中心面临诸多任务和问题,她迎难而上,策划先行,充分考虑各方因素,协助主任推动全方位融合进度,在杭州市第八届教育财务管理研究研讨会上,拱墅范式给出的解决方案是"聚焦融合",在区域融合背景下,取长补短,构建一个融合两区特色的财务共享服务中心。她做了《服务与监督规范与创新》,中心融合原下城区和原拱墅区的不同模式,吸收集中核算模式与分散结算模式各自的优点,融乃大势,合则百利,"两区融合"架构的提出焕发"乘数效应",开启"1+1>2"发展新篇章,顺利完成人的融合、业务融合、制度融合、管理融合,为新的拱墅区教育发展提供更好的保障。

用专业专注收获美丽财会人生

——记西湖区教育局基财科副科长陈昕晗

郭建平

在我有出书计划的时候,我就有一个很坚定的想法,希望能够让更多人关注到我们普教系统的财务,能够让更多人认识来自一线的教育财务工作者。她们大多都是埋头苦干,默默无闻,鲜有荣誉和掌声。但就是这样一群人,始终以尽心守护的姿态,驻守一线,日复一日,为教育事业发展贡献着自己的力量。

今天,我想要让大家认识的这位普教系统的财务工作者是来自西湖区教育局的陈昕晗。2012年认识她时,她还是初入职场的财务新手,活泼开朗,和我有一样爱好,喜欢拿着相机到处跑,喜欢体育运动这些酣畅淋漓的项目,也喜欢安静地阅读。让我印象尤为深刻的是,她有一个好习惯,无论是看书,还是听讲座,如果看到或者听到一些值得学习或者思考的素材,会立即随时随地记下来,作为日后研究的积累。以后这十几年时间里,我看着她一路成长起来。她始终牢记自己的党员身份,不忘初心,勤恳务实,做过内审工作,被浙江省审计厅、浙江省内部审计协会评为"浙江省内部审计先进工作者",并被聘为"浙江省内审职业带头人";坚守财务一线,成为"浙江省高端会计人才班"的"优秀学员";参加过全国长三角教育行政干部挂职交流项目,前往上海市嘉定区教育局挂职锻炼,得到了这样的高度评价:"出色的学习能力和系统思考能力,很强的专业素质、业务能力和敬业精神";参加过西湖大学的筹建,积极参与PPP实施方案的财务测算和涉税、法律等相关问题的研究探讨,为项目推进提供财务支持。

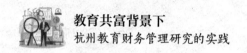

在她身上,我们看到的是一位普通的教育财务工作者的成长史和奋斗史,也可以看到她十年如一日的初心与坚守。

持之以恒　十年一剑

陈昕晗的专业成长故事,无论是在区内的财政、审计、教育系统,还是在杭州市教育系统,乃至省教育厅计财线,都是励志故事。自2010年踏上工作岗位开始,她在专业提升的道路上一步一个脚印,不断夯实专业基础。2012—2016年通过中国注册会计师考试,取得注册会计师资格证书;2014年满足报考条件后,顺利考取中级会计师资格;2015年,全科通过国际注册内部审计师资格考试;2014—2016年,通过中国注册税务师资格考试;2017—2020年,在浙江财经大学的完成会计硕士课程学习,获得学历提升;2019年,顺利通过高级会计师笔试,进入全国银榜;2020年,顺利通过高级会计师评审,取得任职资格;2020年底,参加了由省财政厅、省委人才办、省人社厅联合组织的浙江省高端会计人才班的选拔,2024年4月正式毕业,获评"优秀学员"。2017年的时候,因为她科长的一句"身在教育系统,还是要对教师这个职业有所了解的",她还考了个中职教师资格证,按照她自己的说法就是"人生无疆,为什么要给自己的人生设限呢?"这些经历背后,我们能够看到一个基层财务人员坚定提升自己的恒心和毅力,她常挂在嘴边的一句话是"只有学习和运动才能带给我持久的快乐,所以坚持不是负担,也没有什么非要达到的目标,只是一种自律的习惯"。

学而后知不足。在不断提升自身专业素养的同时,她坚持立足工作实际,聚焦财务、审计问题,迎难而上,依托专业积极探索研究,致力于解决实际问题。2021年底,浙江省教育厅受教育部经费监管中心委托,负责《地方财务管理课程——会计规范基础工作》课程建设。2022—2023年间,陈昕晗作为课程建设小组成员负责其中三个模块的课程建设开发工作,得到了教育部验收专家组和省厅的高度认可。此外,她还坚持申报课题研究,至今已经主持完成6项省级教育财务研究课题,参与《升级版中小学后勤管理案例集粹》编著工作,累计独立公开发表论文案例近10篇,其中《穿行测试在内部控制体系构建中的应用》一文发表在核心期刊《中国内部审计》。其他多篇论文／案例分别在中国教育学会教育管理分会、浙江省内审协会、杭州市财政会计学会、浙江省教育会计学会杭州分会等单位组织的论文评比中获奖，并在《浙江内部审计》《浙江教育财会》《教育财务管理研究》等期刊上发表。

青春筑梦　砥砺奋进

2010年，西湖区教育局首次公开面向社会招考两个财务岗位。按照当时的人事招考政策，陈昕晗虽然不是杭州生源，但是凭借着当年"浙江省优秀毕业生"的身份，获得了参考资格，并最终成为了这二分之一。就此，她与西湖教育结缘，开启了在西湖教育的职业生涯。

西湖区是杭州主城区中教育体量最大的城区之一。西湖教育一直以来都是一张"金名片"。每每说起西湖教育，陈昕晗总是如数家珍，自豪之情溢于言表。于她而言，站在这样一个优秀的平台上，是一份荣幸，更是一份责任。

工作之初，陈昕晗在西湖区教育局会计服务中心边学边做，主要承担基层服务单位的账务处理、财务管理、预决算管理、资产监管等工作，服务单位对她非常认可，她为人诚恳，设身处地地为学校发展着想。其间，她还主持完成全国第一个公办基础教育集团——杭州市求是教育集团的三校分立清算工作。杭州市竞舟小学、杭州市星洲小学从求是母体脱离，成为独立办学的法人主体，成功践行名校集团化办学理念，为全国基础教育改革提供成功案例。

2011年8月起，陈昕晗到西湖区教育局挂职，开始陆续接触系统财务管理、资产管理、基建项目管理、内部审计等事宜。其间，会计服务中心曾有员工生病请假等突发情况，她义无反顾，主动承担病假员工的所有工作。2015—2016年在上海嘉定区教育局挂职期间，她也是上海杭州两地跑，周一到周五在嘉定，周末回杭州加班。有一次我问她觉不觉得辛苦，她说曾经看到过一句话："当暴风雨过去，你不会记得自己是如何度过的，你甚至不确定，暴风雨是否真正结束了，但你已不是当初走进暴风雨里的那个人了，这就是暴风雨的意义。"2017—2019年，她开始担任西湖区教育系

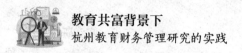

统内审组长,全面负责系统内部审计工作。她努力探索构建一套相对完善的内部审计制度体系,建立完善了《审计工作联席会议制度》《内部审计五年轮审制度》《审计整改工作实施办法》《区中小学校校长经济责任操作指南》等制度文件,累计牵头实施60余个审计项目,创新内审工作模式,率先采用"内审人员+事务所审计人员"的"融合审计"模式,单位连续获评西湖区内审工作先进集体,她本人也连续获评西湖区内审工作先进个人,2020年荣获浙江省审计厅"全省内部审计先进工作者"称号,并于2021年在全省内部审计高级专业人才遴选中获评"浙江省内部审计职业带头人"。

2021年10月,陈昕晗开始担任区教育局基财科负责人(副校级)职务,全面负责系统财务管理、预算管理、教育资助等工作。踏上新岗位之后,她有了更强的"全局"意识。紧跟形势,聚焦管理热点难点,回应基层学校困惑,先后制定并完善了《关于建立公办幼儿园成本分担机制的指导意见》《关于进一步加强和规范教育收费管理工作的通知》《西湖区教育系统公办学校课后服务经费管理办法》《西湖区教育系统劳务费发放管理办法(试行)》《西湖区学生资助工作管理办法》《关于进一步加强学校经费绩效管理的通知》等制度文件。由于工作条线多、任务急、人手紧是工作常态,但是她始终坚持既要业务上"精益求精",又要遵循管理上的"成本效益"原则。践行"二八理论",寻找有力抓手,是她的工作方式。在西湖区整体推进教育数智的过程中,她以信息化建设作为强化财务监管的手段,协助业务科室创新构建课后服务平台,率先实现缴费对接财政公共支付平台,优化完善请假统计、退费计算、课酬计算等功能,减轻学校工作负担的同时,实现业务流程自动化,提高工作效率和数据准确性。

乐于分享　予人玫瑰

西湖区教育系统现有财务工作人员170多人,队伍相对年轻。在很多财务人员眼中,陈昕晗是一个很有亲和力的人,性格直爽,乐于分享。工作中有什么困难可以跟她探讨,寻求她的支持和意见;专业发展上有什么困惑,可以得到她的解答和帮助;生活上有些事情,她也都会主动关心。

陈昕晗在自己求知奋进的同时,也不忘团结协作,与团队共成长。她鼓励财务人员坚持终身学习,不断提高自身专业素养。担任内审组长期间,她积极搭建各类学习平台,每年组织内审成员分批参加上级内审协会组织的培训班,实现全员轮训常态化。在她的带动下,团队成员积极报考注册会计师、国际注册内部审计师,参加学历提升。她鼓励年轻财务人员做好职业规划,2018年在全市的研讨会上毫无保留地分享自己在高会评审的经验。从2012年第一个课题立项以来,到2024年为止,西湖区教育系统已经累计申请省教育会计学会课题立项并顺利结题60余个,成果丰厚。

别林斯基说:"一切真正的和伟大的东西,都是淳朴而谦逊的。"千帆过尽,唯有真实,这也是陈昕晗坚持的处世态度。身处教育系统后勤岗位,她始终坚信"立志欲坚不欲锐,成功在久不在速",坚持不懈,稳扎稳打,不骄不躁,专注做事,敢于担当,平和朴实。陈昕晗是我们普教系统财务的一个代表,在她的身后,有许许多多这样默默付出的普教财务人。他们没有鲜花和掌声,或许连姓名都不被人熟悉。但,他们值得被看见!

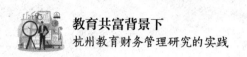

我心目中的晓兰同学

——记上城区教育发展服务中心财务核算中心副主任王晓兰

郭建平

王晓兰,1986年1月生,2005年2月加入中国共产党,2008年8月参加工作,宁波大学财务会计教育专业,本科学历,管理学学士学位,高级会计师。现任上城区教育财务核算中心副主任,局机关工会主席,系统工会委员,浙江省第三期高端会计人才、优秀学员。她是原江干区第一个加入杭州市教育财务管理研究团队的小伙伴,性格开朗,乐观向上,总是以积极的态度面对生活中的每一个挑战,内心更是充满了正能量。

晓兰参加工作以来,一直在教育系统从事财务相关工作,至今已有16年。前8年就职于杭州采实教育集团,担任主办会计、区教育系统财务大组组长,负责三家独立法人单位的财务会计工作。后8年抽调至杭州市上城区教育局(原江干区教育局),先后担任教育财务核算中心副主任、机关工会主席、教育工会经费审查委员会主任等职。工作内容主要为指导全区中小学校财务管理工作、制定政策制度、开展培训检查及负责机关财务工作。

回顾她的成长历程,可以提炼为以下三个关键词。

一、积极向上

王晓兰同学酷爱会计工作,从高中就开始接触会计相关知识,就读杭州市中策职业学校会计专业,并以高分考入宁波大学,完成全日制本科学业,大学期间获得学校最高荣誉"方逸华奖学金"和"浙江省优秀毕业生"称号。晓兰觉得,世界上每一个角落,都是舞台。很多人可能会介怀职业高中的学习经历,但她特别感谢高中学校、老师给予的机会及帮助。她从高一时开始担任班长,参加省、市演讲比赛、辩论赛、数学竞赛,个人特长及潜力得到发挥,人变得开朗且自信,对学习有了前所未有的冲劲。大学期间,她担任学院团委书记、学生会部长、班长,沟通能力、交际能力得到了锻炼。除了完成学校常规课程外,她还自学并考取了计算机VB及C语言证书、外贸会计上岗证、会计初级资格证书,积极把握每一次自我提升的机会,不断塑造更好的自己。

二、尽职尽责

在学校工作的8年间,晓兰立足本职岗位,任劳任怨,正己守道,恪尽职守。集团内三所学校分属不同性质,且一所为新设立单位,在没有指导老师的情况下,她梳理相关政策制度,制定完善学校财务管理制度,解决会计专业技术工作中的疑难问题,为学校财务管理工作提出意见建议。她曾获得杭州市服务业统计工作先进个人等荣誉,所在的杭州市采荷实验学校,2014年5月被省人民政府授予"浙江省模范集体"荣誉称号。抽调至区教育局计财科这8年间,晓兰能运用专业知识,爱岗敬业,执行能力强,在规范财务核算、参与决策、加强内控建设、防范财务风险、落实教育任务、提高社会效益等方面成效显著。注重制度建设,牵头制定优化会计制度、监督检查方案、操作规程等30余项,并取得明显成效。在历年省教育厅组织的内部审计中,晓兰两次作为主持者,两次作为主要参与者以报告提出重大建设性意见,被省、市、区业务主管部门采纳并实施或推广。优异的表现让她被推荐为浙江省教育厅内审人才库成员。她还积极参与经营管理活动,助推流程优化。区域优化调整后,她协助组建新上城区教育财务核算中心,担任中心副主任,通过梳理流程、制定标准化手册,完善内部业务考核体系。工作中多次获得市、区两级,工会、党组织、行政等条线先进个人称号。

三、孜孜不倦

结合多年的财务管理经验,晓兰同学积极撰写有价值的论文多篇。在加入浙江省教育会计学会普教分会这个平台后,独立撰写了《关于加强中

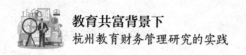

小学食堂财务管理的思考》,获中国教育学会教育管理分会2013年"新宇杯"学校后勤优秀论文评选二等奖,收录在浙江大学出版社2014年7月出版的《升级版中小学后勤管理案例集萃》,从此开启了她对于教育财务管理研究的思考。她先后撰写多篇论文在国家级学术期刊《中国民商》、省级期刊《财讯》及《纳税》上发表。2018年9月,高分通过全国高级会计师资格考试,2019年12月,顺利拿到高级会计师职称证书。2020年,在单位领导的大力支持下,她参加了浙江省第三期高端会计人才选拔,从600余名报名者中脱颖而出,成为培养对象,学习期间担任班级生活委员,并于2024年顺利结业,拿到中共浙江省委人才工作领导小组办公室、浙江省人力资源和社会保障厅、浙江省财政厅联合授予的人才证书,并获得优秀学员称号。

晓兰同学有一颗感恩的心。她特别感谢浙江省教育会计学会普教分会、杭州市教育局计财处,给她提供了难能可贵的交流学习机会。她说,数年之间,通过这个平台认识了很多优秀的财务人。从他们身上,她看到了自己发展的多种可能性,也获得了面对工作和生活的坚强力量。面对领导分派的任务,晓兰同学会思考如何克服困难,如何高效完成,而不是去想这是不是我的活儿,该不该接这个活儿。她总觉得有动这种小心思的时间,活儿早干好了。这种工作态度让晓兰同学积累了更多的业务实操知识,也获得了不错的人缘。当然,面对各项机会与挑战,晓兰同学觉得勇气也很关键,她觉得机会留给人思考的时间是很短暂的。你想要的就努力争取,即使失败了,只要我努力过,就不负青春韶华。

作为一名财务人员,晓兰同学展现出了极高的专业素养和学习能力。她深知财务工作的严谨与细致,对待每一笔账目都一丝不苟,力求精准无误。在专业技能上,她不断追求进步,利用业余时间自学新颁布的财务政策法规,不断拓宽自己的知识面。同时,她还善于将理论知识与实践相结合,通过参与各级各类的财务项目,积累了丰富的实战经验,成为教育财务研究团队和工作团队中不可或缺的一员。

晓兰的优秀不仅仅体现在学业和工作上,她热爱家庭,无论工作多忙总会抽时间陪伴家人,嘴边常常说到我婆婆和老公最辛苦,用自己的行动传递着爱与温暖。她的善良与真诚感染了周围的人,让大家都愿意与她携手,共同创造美好的工作环境。

总之,晓兰同学是一个阳光可爱、优秀好学、专业敬业的小女生,她的存在就像一缕温暖的阳光,照亮了周围人的心房,也为自己的人生道路铺设了坚实的基石。

这就是我心目中的晓兰同学。

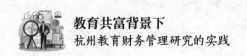

在数字的海洋中　她们是翱翔的巾帼之鹰

——记杭州市教育局"80后"教育财务巾帼骨干

郭建平

杭州市教育局直属学校（单位）一群"80后"教育财务人正专心致志地处理着各种财务数据，她们以严谨的态度，确保每一笔账目都准确无误。在预算工作中、在决算中、在预算公开中、在教育经费统计中、在政府财务报告中、在浙里报推广中、在课题的研究中，处处都有她们的身影，因为她们的工作，不仅关乎学校的正常运转，关乎每一位师生的利益，更关系到教育经费的正确、真实和完整。

她们就是杭州市教育考试院主办会计童莉亚、杭州高级中学主办会计杨喆艳、杭州第四中学主办会计陈洁兰、杭州市交通职业高级中学主办会计黄莉、杭州第二中学主办会计郑岚、杭州市美术职业学校主办会计戴央央，她们个个都是高级会计师。她们是爸妈眼中的好女儿，爱人眼中的好妻子，儿女眼中的好妈妈，婆婆眼中的好儿媳。

多年来，在杭州市教育局计财处邓冬青副处长的领导下，在完成本职工作的前提下，她们默默地协助主管部门，积极参与预算和决算的编制、公开、校对和内部审计检查等工作，为教育的发展提供有力保障。同时，她们还协助主管部门进行食堂、收费等各类专项检查，确保经费和食堂财务安全。工作紧急时加点加班是常态，当学校需要完成财务信息公开检查和内部控制编制时，她们义无反顾地投入工作，她们深知，每一个细节都关乎学校的声誉和师生的权益。

在片组团队中帮助年轻财务人成长，她们不吝啬自己的知识和经验，耐心指导年轻的财务人员，她们的付出，让年轻一代快速成长，为学校的财务工作注入新的活力。

在课题研究、辩论比赛、学术研讨交流中也都有她们的身影。她们用汗水和智慧,书写财务新篇章。在追梦的路上,她们从未言败,也从未退缩。每一个数字背后,都有她们的坚持和努力。她们是财务界的巾帼英雄,也是我们心中的励志偶像。从初出茅庐的新手,到独当一面的精英,她们用自己的故事告诉我们:只要努力,梦想就能成真!

面对困难,她们从不言败;面对挑战,她们勇往直前。她们是教育财务界的巾帼英雄,是时代的楷模。面对挑战,她们从不退缩,始终坚守岗位。她们的付出和努力,赢得了学校和师生的高度赞誉。让我们为她们点赞,为她们的辉煌成就喝彩!她们是学校的财务骨干和教育财务精英,巾帼不让须眉!她们以专业和担当,为学校的财务工作保驾护航。在工会财务和经审工作的领域里,她们也是璀璨的明星;在梦想的天空中,她们是不朽的传奇、工会经费保驾护航的强将。

在教育财会的舞台上,她们用实力证明,巾帼也能顶半边天!每个努力的人都不应被埋没。只要心中有梦、脚下有路,每个人都能成为自己人生故事中的主角!让我们一起为更好的明天加油努力吧!相信越努力越幸运,毅力比能力更重要,选择比努力更重要。

榜样是旗帜,代表着方向;榜样是资源,凝聚着力量。

我们大家一起用心、用情、用力耕耘教育财务的广阔天地。

杭州市直属学校教育财务片组交流会

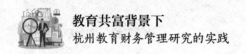

▷ 成长感言

小舞台　大作为

郑　岚

自 2009 年加入杭州教育财务大家庭,服务好学校师生,做好学校经济活动的"守门员"是我最大的愿望。教育财务管理研究在当时我的观念中,是一件遥不可及的事。搞研究、写文章、做课题都是专家的事情,不是我一个基层学校小会计能涉足的。

一次偶然的机会让我成为杭州教育财务管理研究小组的成员。在这个研究小组中,我有机会参加各种讲座、交流学习,在杭州教育财务管理研究"领头羊"郭建平老师的指导和团队小伙伴的帮助下,学习如何撰写课题、科研论文如何选题,也尝试着用在研究小组学到的知识,结合日常财务工作中的遇到问题撰写一些文章。渐渐地,我和研究小组成员们的文章从一开始在《教育财务管理研究》上发表,再到参加各级论文比赛获得奖项,我们的文章收录在浙江大学出版社出版的《后勤管理案例集粹》一书中,我们撰写的各类论文编撰成论文集在省教育会计学会普教系统学术研讨会上和全省教育财务界的同行交流……

教育财务管理研究既是一种特殊的学习活动,也是一种综合性的实践活动。作为基层学校财务人员,开展课题研究,对于培养我们的研究意识和综合能力,促进专业成长,提高业务水平,有着非常积极的现实意义。通过参与这种研究活动,我个人也得到了快速成长。我在 2012 年被评为杭州市教育系统优秀教育工作者,2015 年被评为杭州二中感动校园最美教师,2017 年取得高级会计师职称,2018 年获得杭州市会计领军人才荣誉称号。

　　特别感谢浙江省教育厅和浙江省教育会计学会,感谢杭州市教育局计财处给我们基层财务人员搭建的平台、提供的机会,让我们这些平凡的"小会计"能有展示自己的"舞台",并在这过程中逐渐成长为学校财务的"大管家"。

2023年杭州—海宁教育财务管理研讨会圆桌讨论

2023年8月,到绍兴嵊州教育体育局会计核算服务中心调研

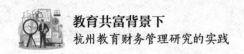

心无旁骛做研究　研究赋我超能力

胡彩霞

2019年第一次参加浙江省教育会计学会杭州普教系统组织的研讨活动,发现原来杭州市有一群那么热爱科研的人,在"埋头苦干"财务工作的同时,潜心做着"课题研究",我立即感觉找到"组织"。

会上,郭建平老师给我们每位与会人员发了一本《教育财务管理研究》,让我回忆起大学时做系刊副主编写文章排版校对到成刊后油然而生的成就感,很遗憾参加工作后就再也没有静下心来写论文。杂志的最后一页是各个区县的投稿数量,余杭区"0"篇显得特别刺眼。当下我立了flag——从我做起,每年坚持做一个课题。从最初想为余杭区实现"零"的突破,到后来慢慢发现写论文做课题可以发现工作中的问题,更严谨全面地看待问题,并勇于探索解决问题,养成理论联系实际的工作作风和严肃认真的科学态度。于是我从一个人写,到带动全区小伙伴们一起写,我们正在努力提高"提出问题、分析问题、解决问题"的能力,学会"抬头看路"。杭州普教系统每年会组织学术研讨、区县交流等活动,让我看到学到很多兄弟区县的先进做法,武装自己的头脑,科研赋能。

这些年很幸运,立项课题先后获得浙江省教育会计学会三等奖、浙江省教育会计学会杭州普教系统一等奖,并被评为"2022年度教育财务科研组织工作先进个人",也顺利通过高级会计师的评审。

回头看来时的路,虽然在地铁里看参考文献、在孩子房门口码字很苦,但我想说坚持很帅,相信越努力越优秀。非常感谢浙江省教育厅计财处、浙江省教育会计学会、杭州市教育局计财处给我们搭建的平台,让一群"可爱"的有梦想的人相聚在一起,心无旁骛地做着小小的研究,努力收获大大的成果,为提高杭州市普教系统财务治理能力发挥自己的能量。

青春科研正当时　精于科研新技能

何嘉辉

作为一名中职学校基层财务人员,2022和2023年有幸参与杭州市第六、第七届财务管理研究学术研讨会活动的前期筹备工作,参加浙江省教育会计学会组织的中小学财务人员基本情况调研、访谈等活动。深入第一线的实践学习,收获颇丰。

首先,我要感谢浙江省教育厅计财处、浙江省教育会计学会、杭州市教育局计财处为我和我的小伙伴们搭建的平台。非常庆幸能够在初窥科研的道路上,成为"杭州教育财务管理研究小组"的一员。这个教育财务科研团队有着一批充满青春激情、技术能力过硬的业务骨干,在大家庭成员的互帮互助下,我们向全省教育财务人员展示了"财会职业精神"和"会计人员职业道德规范"等圆桌大讨论系列活动,完成了对长兴、嵊州、温岭等地的中小学财务人员基本情况调研。通过"草根"财务工作者的自主创新和学习乡镇基层同行和老前辈们的经验心得,我发现财务人员不但能够业务"精",更能技能"新"!在收凭证、填报表、做核算的工作之余,财务人员也是多才多艺、神通广大的。

在此,我也希望今后上级部门也能为我们"草根"财务工作者提供更多展示自己、提高自己的平台和机会,拓宽我们基层财务人员跨区(县)、市的交流渠道。

225

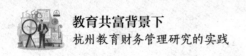

在科研中成长　在科研中收获

卓琼蕾

很荣幸在杭州教育财务研究小组成立之初就成为其中的一员。经过十几年的发展，研究小组从当初的寂寂无名十几人，发展成为囊括杭州市各大城区教育财务人员的庞大组织，并取得了骄人的成绩。每年的教育财务研讨会是教育会计财务人员交流沟通的盛宴，成为杭州市乃至周边市学校财务会计人员争相参与的盛会。

这一路走来，有过彷徨、犹豫，但更多是欣喜、欢愉、历练和成长。浙江省教育会计学会杭州分会见证我们每一位成员的成长，从刚入职时的青涩到历经世事的从容淡定。老带新、传帮带这种传统在我们这个团队里得到了淋漓尽致的展现。在继承传统的同时，创新在这个团队里同样闪耀着夺目的光彩，财务会计人员在这个团队里得到展示。这也是这个团队创始的初心与使命。

如今杭州市教育财务研究在全省乃至全国具有一定的影响力，这与浙江省教育厅计财处、浙江省教育会计学会、杭州市教育局计财处以及郭建平老师的付出是分不开的。每次组织活动都得到省教育厅和省教育会计学会领导的支持和关注，派专业人员亲临现场指导。杭州市教育局计财处在经费和人员上对团队给予最大程度的支持，郭建平老师更是承担大量的组织工作，让每次团队活动都能圆满，与会人员收获良多。

相信在未来的日子里，将有更多财务会计人员加入其中，杭州教育财务研究将成为更多财会人的精神家园。

科研问道　笃行致远　以梦为马　不负遇见

楼　骅

很荣幸能在浙江省教育会计学会副秘书长郭建平老师的带领下加入杭州教育财务研究小组这个大家庭。在这里,我们不仅提升了科研能力,更有幸能结识一群优秀的伙伴,大家从最初的不熟悉,到逐渐默契、相互鼓励、共同进步,这份经历是发着光的,是独一无二的。

科研是实现自我成长的良好途径。通过科研,我们不仅获得了独立思考问题、解决问题的能力,养成了记录和总结的习惯,也能更好地做好时间规划,管理好自己的时间,安排好各项任务的节奏。同时,我们也不断激励自己,要坚持不放弃,给自己每年制定一个大目标(完成一项课题)和一个小目标(一篇论文期刊投稿),相信通过长时间的积累,一定会有所收获。

除了科研,郭建平老师还带领我们参与到各类公益活动中。如2023年3月,参加杭州—海宁教育财务管理交流活动志愿者服务;参与6月杭州市第七届教育财务管理研究研讨会的《会计职业道德规范》的宣誓仪式和圆桌大讨论活动,同时担任圆桌大讨论活动的主持人。7月,参加"中小学财务人员基本情况调研和寻找老会计谈教育财会"的活动。我体会到了会计人不应只是在办公室低头干活,更应该多抬头看路,在交流学习的过程中,取长补短,不断审视和精进自己,在成长的道路上遇见光,追逐光,成为光。

最后,非常感谢浙江省教育厅计财处、浙江省教育会计学会、杭州市教育局计财处为教育财务追梦人搭建的成长平台,让我们聚是一团火,大家一起抱团深耕发展;散是满天星,每个人带着各自的理想奋勇前行。

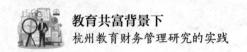

科研筑梦　逐光而行　遇见美好

茅敏丹

首先非常感谢浙江省教育厅计财处、浙江省教育会计学会、杭州市教育局计财处给我们一线教育财务人搭建的广阔平台,感谢郭建平副秘书长给予的悉心帮助与指导。追随着杭州市教育财务管理研究小组发展历程,我有幸在这片沃土里根植梦想,汲取智慧与力量,灼灼其华,逐梦而行。

因为热爱,所以奔赴山海;因为热爱,我们全力以赴。在砥砺前行的岁月里,教育财务人踔厉奋发,笃行致远,多年来深耕教育科研。何其幸运,我能够加入这支优秀的队伍,被这份坚守初心而感动,与科研"雁群"共同翱翔,科研焕发着财会力量,也激励着我努力前行,从论文获奖到课题结题,从经验积累到智慧分享,收获累累硕果。自2018年第一次参加教育财务管理研讨会,到成为杭州教育财务管理研究小组成员,在蜕变成长的道路上,因为科研,让我遇见了更美好的自己。

漫步在教育财务的幸福路上,我以科研筑梦,逐光而行,聚沙成塔。星光不负赶路人。我将继续追随光、靠近光,在杭州市教育财务管理研究团队的引领下,与拥有着同样梦想的教育财务研究人,奋楫笃行,且诗芳华。

2019年10月,郭建平在上城区教育发展服务中心分享"改变从研究开始"

深耕教育财务事 感恩团队领路人

陈赞迪

身在教育领域,尤其是普教系统,财务人是少数群体。幸运的是,我们杭州的教育财务人不需要"单打独斗",因为我们有组织,我们有团队。浙江省教育厅计财处、浙江省教育会计学会和杭州市教育局计财处为我们搭建了优秀的教育财务研究平台,让一线财务人也可以有机会进行专业课题研究。杭州市教育局计财处、浙江省教育会计学会杭州普教系统每年组织各种形式的学习研讨交流活动,通过活动,我们可以借鉴其他区县的先进工作经验,采撷系统内优秀财务人员的研究硕果。

从2018年底第一次参加浙江省教育会计学会年会活动以来,我深深感受到团队对个人能力提升和专业成长的强大驱动力。在浙江省教育会计学会杭州普教这个大家庭里,前辈们用行动诠释的会计人员职业道德,点亮了我前行的灯塔,同行们在教育财务赛道奋力奔跑的身影传递给我向上的力量。唯有心怀感恩,从容向前,才能不负韶华,不负遇见。

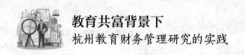
行而有思　思而行远

陈　斐

　　非常感谢浙江省教育厅计财处、浙江省教育会计学会、杭州市教育局计财处给我们搭建平台。每一次课题立项、每一次研讨活动，都让我们一线财务人有机会能够走近科研、不断提升自我。在教育财务探索之路上，行而有思，思而行远。

　　回想第一次参与课题研究，很有幸能跟着前辈王晓霞老师参与了一项省重点课题，我们在周末雪天"抱团取暖"，经激烈探讨达成共识，最终荣获省重点课题一等奖，为杭州普教分会争得荣誉。接下来，我坚持每年做一项课题研究，随着财务领域理念的更新，我思索着要把研究切入点转向实践研究，能更好地服务于业财融合背景下的财务工作，课题研究的价值取向逐渐趋向于为实践服务。2021年，主持的课题作为西湖区社科联课题立项并结题，在实践中得到推广，2022年，主持的课题获得了省优秀课题二等奖殊荣，我深感这是一种鞭策。

　　2018年，中心把科研主任的重担交给了我。我在努力提升自己的同时，还带动整个中心课题，传承前辈研究精神。科研工作设想得到中心施桂萍主任的大力支持和悉心指导，小伙伴们也积极参与，中心课题研究工作尝试启用科研"驾驶舱"，旨在课题探索路上为大家保驾护航，安全驶达目的地。

　　课题探索之路走过了学、研、思的历程，有困惑也有收获，有疲惫也有喜悦，我珍惜每次探索、每次历练的机会。很幸运有杭州教育财务这个温暖、可爱的大家庭引领着我们行远自迩、笃行不怠。

附

录

浙江省教育会计学会杭州分会
2017年课题立项申请表

序	学校	负责人	课题名称
1	杭州市教育科学研究所	郭建平	基于巡察监督视角下学校财务管理的思考
2	杭州师范大学附属中学	卓琼蕾	国库集中支付下事业单位结算方式分析 ——以杭州市某高中为例
3	浙江省杭州第四中学	陈洁兰	中小学校国有资产管理的现状与优化措施研究
4	杭州市美术职业学校	戴央央	新形势下加强中小学校固定资产管理的研究
5	杭州市教育考试院	张丽杰	关于教育系统内部控制管理的现状及对策研究
6	杭州市交通职业高级中学	黄 莉	论学校外包服务监管——以职高物业费外包模式为例
7	下城区教育局	姜建芳	中小学校规范合同管理的探究
8	西湖区教育会计服务中心	王晓霞	绩效视角下推进学校预算管理透明化的研究
9	西湖区教育会计服务中心	陈昕晗	政府购买公共服务的探讨——以西湖区教育局内部审计服务外包模式为例
10	西湖区教育会计服务中心	蔡一骏	民办中小学资金使用效益现状与对策的探究
11	西湖区教育会计服务中心	郑轶男	刍议中小学后勤教职工绩效工资的实施现状和管理对策
12	西湖区教育会计服务中心	陈 斐	关于学校基建项目支出精细化管理的探讨
13	西湖区教育会计服务中心	郑 莹	小学社团经费现状分析及其发展思路的研究 ——以杭州市西湖区某小学为例

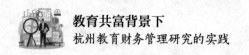

序	学校	负责人	课题名称
14	萧山区教育局会计结算中心	田林火	关于财务人员管理体制及继续教育问题的探讨
15	萧山区教育局会计结算中心	倪建英	关于中小学实施教师绩效工资的现状调查和对策研究
16	萧山区教育局会计结算中心	张　君	关于中小学校国有资产管理中存在的问题及对策
17	萧山区教育局会计结算中心	韩银萍	中小学固定资产管理问题及策略
18	萧山区教育局会计结算中心	金小红	关于中小学校内部控制存在问题及措施的探讨
19	萧山区教育局会计结算中心	俞玉安 张妮娜	关于学校经费预算管理的问题及其对策的探讨
20	萧山区第二中等职业学校	黄　忠	新时期会计职业道德缺失及建设研究
21	萧山区进化镇初级中学	杜汉华	农村初中国有资产管理现状分析及问题对策的实践研究
22	萧山区回澜初级中学	颜碧波	关于中小学校预算管理在执行过程中存在的问题及对策探讨
23	义桥镇中心辅导学校	邵孟中	关于"互联网＋"公务卡结算模式的思考和建议
24	富阳区教育局	吴　艳	中小学校内部控制与内部审计关系研究
25	桐庐县教育会计结算中心	何雪凤	桐庐县教育系统"三公"经费同步审计的实践与思考
26	建德市教育局会计核算中心	余雪芹	关于中小学校国有资产管理中存在的问题及对策研究

浙江省教育会计学会杭州分会
2018年课题立项申请表

序	学校	负责人	课题名称
1	杭州市教育科学研究所	郭建平	巡察视角下的学校党费财务规范化管理研究
2	杭州市教育资产营运管理中心	颜斌武	规范中小学校新差旅费管理办法的策略研究
3	杭州师范大学附属中学	卓琼蕾 郭建平	改革开放40年杭州教育会计的发展与创新
4	浙江省杭州第四中学	陈洁兰	中小学会计内部控制存在的问题及对策研究
5	杭州市美术职业学校	戴央央	中等职业学校食堂成本管理与控制的研究
6	西湖区教育会计服务中心	王晓霞	基于风险管理的学校工程项目内部控制研究
7	西湖区教育会计服务中心	陈昕晗	PPP项目在BOT模式下的财税处理研究
8	西湖区教育会计服务中心	郑彧哲	新时代"互联网+"环境下优化中小学校内部控制探究
9	西湖区教育会计服务中心	张婷婷	教育系统建立管理会计体系的若干思考
10	西湖区教育会计服务中心	钟毓	关于浙江省属学校通过统一公共支付平台缴费的施行现状及推进思考
11	西湖区教育会计服务中心	高富华	学校内控管理用款计划的汇编实践与反思
12	萧山区教育局会计结算中心	田林火	关于职业高中创业园建设的财务管理模式探讨

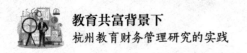
续表

序	学校	负责人	课题名称
13	萧山区教育局会计结算中心	倪建英	精细化视角下义务教育学校财务管理的优化路径
14	萧山区第二中等职业学校	黄 忠	新预算法下中职学校预算精细化管理研究
15	富阳区教育局	吴 艳	把握二个重点环节 提升教育内审水平
16	桐庐县教育会计结算中心	何雪凤	绩效目标视角下中小学教科研经费管理的研究

浙江省教育会计学会普教分会
2019年课题立项申报表

序	学校	负责人	课题名称
1	杭州市教育科学研究所	郭建平	政府会计平行记帐的理论思考与实践探索
2	杭州市教育资产营运管理中心	颜斌武	政府会计制度背景下的中小学校财务管理创新研究
3	杭州师范大学附属中学	卓琼蕾	中小学校管理会计建设研究
4	杭州市上城区教育后勤管理中心	柴 莺	基于任务驱动式的会计培训模式探索与实践——以"财务管理制度学习培训项目"为例
5	杭州市上城区教育后勤管理中心	方素华	会计集中核算制度下加强基层单位财务管理研究——基于会计与基层单位的财务对接视角
6	杭州市上城区教育后勤管理中心	罗 琦	中小学培训经费规范使用的实践与思考
7	西湖区教育会计服务中心	张 林	基于政府会计制度的中小学校财务管理探究
8	西湖区教育会计服务中心	陈 斐	新政府会计制度下中小学固定资产管理的实践与研究
9	西湖区教育会计服务中心	冯淑予	中小学足球专项经费管理现状与优化研究
10	西湖区教育会计服务中心	张婷婷	新时代教育内部审计的工作创新与价值创造
11	西湖区教育会计服务中心	郑轶男	新形势下学生资助工作在基础教育中的实践与探索

序	学校	负责人	课题名称
12	西湖区教育会计服务中心	钟友余	政府会计制度下小学教育成本核算实证研究——以××小学为例
13	杭州市拱墅区教育会计结算中心	占丽萍	提高学校低值易耗品管理效能的研究
14	杭州市拱墅区教育会计结算中心	夏偲偲	预算编制下中小学政府采购的研究
15	萧山区教育局会计结算中心	田林火	内审与督导有机结合促审计成果充分运用
16	杭州市萧山区第二中等职业学校	黄 忠	中职学校设备招标采购风险控制研究

浙江省教育会计学会普教分会
2020年课题立项申报表

序	学校	负责人	课题名称
1	杭州市教育科学研究所	郭建平	推进内部控制自我评价在中小学校的运用
2	杭州市教育资产营运管理中心	颜斌武	中小学校内部控制和风险防范探析
3	杭州师范大学附属中学	卓琼蕾	中小学校预算执行进度研究 ——以A中学为例
4	杭州师范大学附属中学	陈　洁	ERP信息系统在学校低耐品管理应用的探究
5	杭州市开元商贸职业学校	黄赛勤	中小学校低值耐久品与低值易耗品内部控制与管理
6	杭州市上城区教育后勤管理中心	方素华	优化学校内部审计　推动财务管理的实践探究
7	杭州市上城区教育后勤管理中心	潘雯婕	引入权责发生制对中小学固定资产管理的影响
8	杭州市上城区教育后勤管理中心	林　锋	学校阳光食堂管理ERP系统的优化及构建研究 ——嵌入财务管理模块平台的应用
9	下城区教育局	姜建芳	中小学校生均培养成本核算的探究 ——以下城区为例
10	西湖区教育会计服务中心	施桂萍	业财融合下学校财务人员转型及发展路径的探析
11	西湖区教育会计服务中心	蔡一骏	关于西湖区非营利性民办学校财务管理方法的探究

序	学校	负责人	课题名称
12	西湖区教育会计服务中心	李　宁	中小学会计集中核算模式下的业财融合优化研究——基于财务共享思维
13	西湖区教育会计服务中心	杨倩雯	"大数据"背景下对于三公车辆经费使用的管理与思考——以某校为例
14	西湖区教育会计服务中心	杨　绚	新政府会计视角下中小学校财务分析的新探索
15	西湖区教育会计服务中心	张静如	大数据视角下食堂信息化管理的思考
16	西湖区教育会计服务中心	张婷婷	义务教育阶段学校成本与经费补助实证研究
17	西湖区教育会计服务中心	周沛霖	基于管理会计下西湖区中小学食堂成本控制的探讨
18	西湖区教育会计服务中心	钟友余	柔性视角下学校财务智能化管理的探索
19	西湖区教育会计服务中心	章卿丽	大数据环境下学校财务信息资源整合及应用研究
20	西湖区教育会计服务中心	郑凌玲	基于内控视角下中小学低值易耗品管理的研究
21	西湖区教育会计服务中心	郑彧哲	政府会计制度下优化中小学校财务分析的探究
22	杭州市拱墅区教育会计结算中心	占丽萍	教育系统内部审计整改的现状与优化研究
23	杭州市拱墅区教育会计结算中心	陈赟迪	探析精细化管理理念在学校经济责任审计准备阶段的应用策略
24	杭州市拱墅区教育会计结算中心	夏偲偲	中小学校教师培训经费的绩效管理研究
25	杭州市拱墅区教育会计结算中心	陈倩云	中小学校报账员队伍建设研究
26	杭州市拱墅区教育会计结算中心	郭怡彤	"大数据"背景下中小学校"三公"经费管理研究
27	杭州市拱墅区教育会计结算中心	潘海琳	新会计制度下行政事业单位固定资产管理问题的探讨——以中小学为例

序	学校	负责人	课题名称
28	杭州市拱墅区教育会计结算中心	季江珊	新政府会计制度中小学财务工作的影响
29	杭州市拱墅区教育会计结算中心	许　佳	Excel在事业单位会计核算中的运用研究
30	杭州市萧山区教育局	冯倩倩	政府会计制度在中小学实施的研究
31	萧山区教育局会计结算中心	莫伟军	现代服务业视野下的教育系统区域会计服务管理机制变革的实践与探索
32	萧山区教育局会计结算中心	陈锦英	财务转型期乡镇学校会计队伍建设的思考
33	萧山区教育局会计结算中心	倪建英	以视导制度促进学校财务规范管理——萧山教育财务视导实践与探索
34	萧山区教育局会计结算中心	俞玉安	中职学校财务管理现状研究及对策
35	萧山区教育局会计结算中心	张　君	加强学校电子发票的风险管控及信息化处理
36	萧山区教育局会计结算中心	张妮娜	中小学财务管理的研究与探索
37	萧山区教育局会计结算中心	徐晓蕾	"大数据"背景下加强会计基础规范的研究
38	杭州市萧山区第二中等职业学校	黄　忠	中职学校后勤管理现状分析与对策研究
39	萧山区回澜初级中学	颜碧波	中小学校内部控制的问题及对策探讨
40	余杭区教育局	胡彩霞	学校食堂财务管理存在问题及对策研究
41	桐庐县教育局	张秀娟	中小学校食堂财务管理的探索——基于审计策略视角
42	桐庐县城关初级中学	陈俐文	"大数据"环境下中小学食堂内审工作创新研究
43	桐庐县分水实验小学	林慧芳	中小学校内部控制体系设计与评价研究

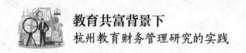
浙江省教育会计学会普教分会
2021年课题立项申报表

序	学校	负责人	课题名称
1	杭州市教育科学研究院	郭建平	经济责任审计在学校治理中的作用研究
2	杭州市教育科学研究院	何洁	数字化时代中小学校会计档案管理的研究
3	杭州师范大学附属中学	卓琼蕾	国库集中支付下的中小学校内控制度建设
4	杭州市上城区教育后勤管理中心	茅敏丹	新形势下基于预算管理视角的学校财务管理提升实践研究
5	杭州市上城区教育后勤管理中心	赵红云	中小学校银行代发业务风险与防范探究
6	杭州市上城区教育后勤管理中心	罗琦	大数据时代中小学财务人员转型研究
7	杭州市下城区教育局	李礼轩	大数据背景下中小学校财务人面临的机遇与挑战——以中小学校财务人员转型研究为例
8	杭州市下城区教育局	吴悠	政府会计制度下的支付流程规范化管理研究——以杭州市下城区中小学校为例
9	西湖区教育会计服务中心	陈方婧	中小学预算绩效评价研究
10	西湖区教育会计服务中心	吴笑梅	中小学财务管理中电子发票的应用管理研究
11	西湖区教育会计服务中心	陈斐	数治教育下缴费模式数字化转型的探析——校外教育培训费e缴费平台实证研究
12	西湖区教育会计服务中心	沈晨	教育均衡背景下集团化办学财务管理探究

续表

序	学校	负责人	课题名称
13	西湖区教育会计服务中心	徐 睿	探究中小学校内部控制体系构建与自我评价
14	西湖区教育会计服务中心	章卿丽	中小学财政资金绩效审计研究
15	西湖区教育会计服务中心	郑轶男	业财融合背景下财务人员素质提升研究
16	西湖区教育会计服务中心	郑彧哲	教育财务人员业务培训的课程架构与实施研究
17	西湖区教育会计服务中心	钟 毓	探究"后疫情时代"培训经费支出结构变化及思考
18	西湖区教育会计服务中心	周琬宇	中小学政府采购内部控制评价系统优化研究
19	西湖区教育会计服务中心	朱江威	人工智能时代财务会计向管理会计转型路径研究
20	杭州市拱墅区教育会计结算中心	占丽萍	基于"风险为导向"的教育内部审计探析
21	杭州市拱墅区教育会计结算中心	陈赞迪	新背景下教育系统内部审计工作提质增效路径的探索
22	杭州市拱墅区教育会计结算中心	陈江南	中小学校财务内部控制的现状研究
23	杭州市拱墅区教育会计结算中心	郭怡彤	学校教育成本核算的研究——以某学校培训费为例
24	杭州市拱墅区教育会计结算中心	李 岳	中小学校建立财务共享模式的可行性研究
25	杭州市拱墅区教育会计结算中心	潘海琳	中小学预算绩效管理存在的问题及优化策略
26	杭州市拱墅区教育会计结算中心	张思思	预算与绩效管理一体化研究
27	杭州市景芳中学	蔡 旻	中小学预算管理与会计核算协调的问题研究
28	杭州市采荷第一小学	蒋秦明	集团办学模式下线上报销信息化管理的实践与思考
29	杭州市景和幼儿园	骆春萍	幼儿园财务管理中的问题与应对策略探究

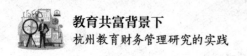
教育共富背景下
杭州教育财务管理研究的实践

续表

序	学校	负责人	课题名称
30	杭州市采荷第二幼儿园	孙　兰	基层工会经费审查工作存在的问题及对策——以A区中小学为例
31	杭州市天杭实验学校	田雨婷	中小学财务部门树立"理财"理念的财务管理与思考
32	杭州市丁信幼儿园	舒　霄	中小学校会计基础工作规范化管理的思考
33	萧山区教育局会计结算中心	倪建英	业财融合背景下中小学校财务人员素质提升的研究
34	萧山区教育局会计结算中心	陆烨超	以圆桌会议为载体优化学校报账流程的研究
35	杭州市萧山区第二中等职业学校	黄　忠	中职学校货币资金内部控制研究
36	萧山区教育局会计结算中心	徐晓蕾	政府会计制度下的学校收支精细化管理研究
37	萧山区教育局会计结算中心	杨　燕	农村公办幼儿园食堂竞价模式下幼儿伙食成本核算的现状及思考
38	萧山区教育局会计结算中心	张妮娜	事业单位会计内部控制的研究
39	杭州市萧山区第五高级中学	施燕珍	大数据时代中小学校财务人员定位与转型的思考
40	余杭区教育局	胡彩霞	中小学内部控制存在的问题及对策研究
41	桐庐县城关初级中学	陈俐文	中小学校财务共享模式建构

浙江省教育会计学会普教分会
2022年课题立项申报表

序	学校	负责人	课题名称
1	杭州市教育科学研究院	郭建平	教育财务管理研究团队建设的实践与思考 ——以普教系统为例
2	杭州市交通职业高级中学	何嘉辉	电子会计凭证全流程管理下的学校内控制度建设
3	杭州师范大学附属中学	卓琼蕾	中小学校推进业财融合工作的困境及对策
4	杭州市上城区教育发展服务中心	茅敏丹	中小学校教育收费内控管理探究
5	杭州市上城区教育发展服务中心	潘雯婕	学校预算管理一体化协同执行的研究
6	杭州市天杭实验学校	田雨婷	中小学固定资产绩效管理的探究
7	杭州市采荷第三幼儿园	孙　兰	基于"全成本核算"模式的幼儿园数智仓库管理思路
8	杭州师范大学东城实验学校	邵欣悦	行政事业单位电子发票财务报销的风险控制与防范对策
9	杭州市丁信幼儿园	舒　霄	学校项目支出绩效评价管理体系的研究
10	西湖区教育会计服务中心	施桂萍	内部审计视角下提升教育财务管理质量的策略研究
11	西湖区教育局	陈昕晗	作业成本法下的公办义务教育预算标准化机制研究
12	西湖区教育会计服务中心	陈　斐	"放管服"背景下中小学校财务流程优化研究
13	西湖区教育会计服务中心	陈方婧	"双减"政策下托管经费使用绩效分析 ——以X区为例

续表

序	学校	负责人	课题名称
14	西湖区教育会计服务中心	李 宁	政府会计制度下中小学生均培养成本核算研究
15	西湖区教育会计服务中心	栾振文	全面预算一体化实施背景下中小学财务管理研究
16	西湖区教育会计服务中心	闫倩倩	数智化背景下中小学财务分析的建设研究
17	西湖区教育会计服务中心	杨 绚	"改制"背景下教育财务治理的基层探索与实践
18	西湖区教育会计服务中心	张婷婷	数智化背景下ERP系统在中小学校食堂管理的运用研究
19	西湖区教育会计服务中心	周琬宇	智慧平台下中小学食堂人员成本管理
20	西湖区教育会计服务中心	朱江威	大数据背景下内部审计信息化转型路径研究
21	西湖区教育会计服务中心	郑凌玲	数字化改革背景下的业财融合研究
22	杭州市拱墅区教育局	姜建芳	基础教育内部审计转型的探索
23	杭州市拱墅区教育会计结算中心	陈赟迪	区划调整背景下教育财务团队建设研究——以××区为例
24	杭州市拱墅区教育会计结算中心	陈江南	中小学校预算管理相关问题的探究
25	杭州市拱墅区教育会计结算中心	郭怡彤	"大数据"背景下中小学校预算管理研究
26	杭州市拱墅区教育会计结算中心	李 岳	事业单位固定资产绩效管理的探究
27	杭州市拱墅区教育局	庄 超	中小学财务预算核算决算一体化研究
28	杭州上海世界外国语中学	张久红	民办学校全面预算管理的研究
29	萧山区教育局会计结算中心	陈锦英	中小学校财政票据电子化改革的探究

序	学校	负责人	课题名称
30	萧山区教育局会计结算中心	傅月飞	中小学财务预算核算决算一体化研究
31	萧山区教育局会计结算中心	孙　祎	政府会计制度下中小学往来款核算研究
32	萧山区回澜初级中学	颜碧波	中学食堂财务管理分析的研究
33	杭州市富阳区教育局会计结算中心	楼淑平	中小学校财务不相容岗位设置的研究
34	杭州市余杭区教育局	胡彩霞	行政事业单位绩效导向下的财务治理研究
35	杭州市余杭区教育局	胡承济	普惠性幼儿园教育成本核算研究 ——以杭州市Y区为例
36	杭州市余杭区教育局	吴方圆	教育专项绩效管理存在的问题及对策研究
37	桐庐县桐庐县横村小学	陈樟垚	内部审计视角下中小学会计监督协同性思考

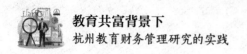

浙江省教育会计学会杭州市普教系统
2023年课题立项申报表

序	学校	负责人	课题名称
1	杭州市教育科学研究院	郭建平	新《中小学校财务制度》背景下的学校财务治理研究
2	杭州市交通职业高级中学	何嘉辉	基于"浙里报"信息平台视角下的中小学校内部控制研究
3	杭州师范大学附属中学	卓琼蕾	中小学校财务无纸化报销的思考——基于浙里报账系统的实践
4	杭州市财经职业学校	楼骅	中职学校基于数智化财务优化内部控制的实践与研究
5	杭州市上城区教育发展服务中心	倪娜	中小学校财务工作指南研究
6	杭州市采荷第三幼儿园	孙兰	内部控制视角下中小学图书资产管理的研究
7	杭州市西湖区教育会计服务中心	郑彧哲	数智化背景下中小学校财务工作指南研究
8	杭州市西湖区教育会计服务中心	严婧维	基于合同管理视角下中小学校财务管理研究
9	杭州市西湖区教育会计服务中心	何玲静	基于"浙里报"信息平台视角下的中小学校财务管理研究
10	杭州市西湖区教育会计服务中心	蔡一骏	"智慧财务"赋能中小学校资助管理数智化的研究
11	杭州市西湖区教育会计服务中心	朱江威	PDCA循环视角下预算绩效管理与绩效审计协同联动研究

续表

序	学校	负责人	课题名称
12	杭州市西湖区教育会计服务中心	高富华	数智化背景下中小学财务分析的建设研究
13	杭州市西湖区教育会计服务中心	陈斐	基础教育校园足球专项资金的绩效管理研究
14	杭州市西湖区教育会计服务中心	栾振文	中小学校预算绩效导向下的财务治理研究——基于西湖区教育系统预算绩效评价实践
15	杭州市拱墅区教育会计结算中心	占丽萍	中小学校会计集中核算的研究——基于两区合并融合后的实践
16	杭州市拱墅区教育会计结算中心	陈赞迪	全面预算绩效管理背景下教育系统内部控制优化提升研究
17	杭州市拱墅区教育局	姜建芳	中小学校房产管理现状调查及对策研究——以×区为例
18	杭州市拱墅区教育会计结算中心	郭怡彤	"大数据"背景下中小学校预算管理研究
19	杭州市拱墅区教育会计结算中心	李岳	新形势财务管理风险预警机制的研究
20	萧山区回澜初级中学	颜碧波	中小学校项目支出绩效评价的研究
21	杭州市富阳区教育局会计结算中心	楼淑平	"教育共富"视域下跨区域专项资金管理使用的研究
22	杭州市余杭区教育局	胡彩霞	中小学合作办学经费绩效提升的策略研究——以×区为例
23	杭州市余杭区教育局	吴方圆	预算一体化背景下中小学集中核算转型的路径探讨
24	杭州市余杭区教育局	马丽萍	中小学校存货管理的研究
25	杭州市余杭区教育局	孙淑颖	中小学合同管理存在的问题及对策探究——以Y区学校为例
26	杭州市余杭区教育会计结算中心	张雪雯	中小学校工会财务内控制度创新研究
27	杭州市余杭区教育会计结算中心	董晓颖	中小学内部控制制度建设的研究——基于内部审计视角
28	杭州市余杭区教育会计结算中心	范燕婷	中小学财务岗位职责与财务风险控制的研究

序	学校	负责人	课题名称
29	杭州市余杭区教育会计结算中心	金丹娜	基于"浙里报"应用场景中附件资料的研究
30	杭州市临平区教育局	解元艺	行政事业单位绩效评价的研究
31	杭州市临平区教育局	姜淇筌	中小学校生均公用经费管理的研究——以L区为例
32	杭州市临平区教育发展研究学院	陆超男	中小学固定资产管理内部控制研究——以L区为例
33	杭州市临平区教育局	王化腾	公办中小学校食堂"数字化"改革的实践与思考
34	杭州市临平区教育局	王赟	中小学财务系统内部控制信息化的研究
35	杭州市临平区教育局	姚舒佳	盘活行政事业单位固定资产的路径探索
36	桐庐县教师发展中心	吴远志	基于"浙里报"信息平台视角下的中小学校财务管理研究
37	桐庐县城关初级中学	陈俐文	基于"过紧日子"背景下的中小学校国有资产管理的研究

浙江省教育会计学会杭州市普教系统
2024年课题立项申报表

序	学校	负责人	课题名称
1	杭州市教育科学研究院	郭建平	教育高质量发展背景下的中小学校财务治理研究
2	杭州市教育考试院	童莉亚	财会监督视角下的高中学校固定资产管理研究
3	杭州市交通职业高级中学	何嘉辉	"浙里报"数据共享视角下的财务流程管理研究
4	杭州市财经职业学校	楼骅	财会监督视角下完善中小学财务管理的路径思考
5	杭州市上城区教育局	王晓兰	财务管控视角下的义务教育阶段课后服务管理研究
6	杭州市上城区教育发展服务中心	邵欣悦	中小学校基建维修管理中的问题与对策——从审计的视角
7	杭州市上城区教育发展服务中心	田雨婷	中小学教师培训经费绩效管理探
8	杭州市上城区教育发展服务中心	应沂洋	"1+X地瓜模式":基于业财融合背景下的中小学固定资产管理探讨
9	杭州市上城区教育发展服务中心	孙兰	集中核算模式下幼儿园公用经费管理的研究——以A区幼儿园为例
10	杭州市西湖区教育会计服务中心	施桂萍	教育经费绩效管理实施路径的研究
11	杭州市西湖区教育会计服务中心	陈斐	内涵发展视角下学校资产管理人才队伍建设探索
12	杭州市西湖区教育会计服务中心	何玲静	中小学校政府采购常见问题和风险防范研究
13	杭州市西湖区教育会计服务中心	蔡一骏	新形势下进一步优化中小学校食堂财务核算管理信息系统的实践

续表

序	学校	负责人	课题名称
14	杭州市西湖区教育会计服务中心	朱江威	大数据背景下中小学校财会监督优化路径研究
15	杭州市西湖区教育会计服务中心	杨 绚	财会监督视域下中小学校加强内部控制的路径研究
16	杭州市西湖区教育会计服务中心	钟 毓	集中核算视角下建立教育内部信息化财务知识库的探索与思考
17	杭州市拱墅区教育会计结算中心	张思思	"浙里报"共享视角下的财务流程管理研究 ——以中小学为例
18	杭州市拱墅区教育会计结算中心	陈胜泽	基于内部控制视角下的票据管理探究
19	杭州市拱墅区教育会计结算中心	郭 慧	内部控制视角下高校全面预算绩效管理研究
20	杭州市拱墅区教育会计结算中心	胡迦南	中小学财务内部控制建设及实施问题的对策探讨
21	杭州市拱墅区教育会计结算中心	郭怡彤	"中小学校财务数字化转型研究
22	杭州市拱墅区教育会计结算中心	李 岳	中小学校加强财务风险的防范
23	杭州市拱墅区教育会计结算中心	吴 悠	预算一体化对中小幼学校资产管理的影响及对策研究
24	杭州市拱墅区教育会计结算中心	杨晶晶	中小学校加强财会监督的实践与思考
25	萧山区教育局会计结算中心	陈怡昕	中小学食堂财务流程管理的优化路径实践探索 ——基于天下良仓核算系统的运维模式
26	萧山区教育局会计结算中心	李煜琦	"浙里报"共享视角下的财务流程管理研究
27	萧山区教育局会计结算中心	徐晓蕾	加强中小学专项资金管理的实践与思考
28	萧山区教育局会计结算中心	俞玉安	人工智能在学校会计业务中的探究与应用
29	萧山区教育局会计结算中心	郑沈霞	大数据时代中小学校会计档案电子化管理的研究

序	学校	负责人	课题名称
30	萧山区教育局会计结算中心	朱群飞	提升中小学合同管理内部控制水平的探究
31	杭州市余杭区教育局	吴方圆	中小学会计档案电子化建设路径探究
32	杭州市余杭区教育局	马丽萍	中小学校预算绩效评价的研究
33	杭州市余杭区教育局	孙淑颖	财会监督视角下中小学固定资产财资融合管理探究
34	杭州市临平区教育局	姜淇筌	财会监督视角下对中小学校采购管理内部控制的思考
35	杭州市临平区教育会计结算中心	鲁 媛	中小学校加强财会监督的实践与思考——以杭州市临平区为例
36	杭州市临平区教育局	王化腾	财会监督背景下的学校国有资产管理研究
37	杭州市临平区教育局	王 赟	中小学基本建设项目财务管理存在的问题与对策研究

郭建平 编制

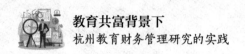

2022年杭州市第六届"教育财务管理研究"学术交流活动

单位	形式	内容	主持人	专家	专家
上　午					
杭州市教育科学研究院、浙江省教育会计学会副秘书长	开幕式	介绍来宾	郭建平		
西湖区教育局计财科科长	开幕式	致欢迎辞	郭建平	葛宝根	
浙江省工业大学计财处处长,浙江省教育会计学会副会长、秘书长	开幕式	领导致辞	郭建平	何　兴	
杭州市教育局计财处副处长、浙江省教育会计学会副会长、常务理事	开幕式	领导致辞	郭建平	邓冬青	
杭州教育分会		省市先进集体和个人表彰仪式	郭建平		
杭州教育分会		集体合影	郭建平	郭和刚	
西湖区教育会计服务中心主任	主题报告	科研先进事迹——财务研究与团队发展	郭建平	施桂萍	
用　餐					

续表

单位	形式	内容	主持人	专家	专家
		下　午			
西湖区教育会计服务中心	开题论证现场观摩	1.大数据背景下内部审计信息化转型路径研究(朱江威) 2.政府会计制度下中小学生均培养成本核算研究(李宁) 3.全面预算一体化实施背景下中小学财务管理研究(栾振文)	陈　斐	林靖伟 王晓霞 莫伟军	
(直属、西湖区、拱墅区、上城区、余杭区)各区代表(6人)	圆桌讨论	省财政厅财会建设年"财会职业精神"大讨论	何嘉辉		6人 "80" "90" 后
西湖区教育局	课题论坛	教育财务人员业务培训的课程架构与实施研究	郭建平	郑彧哲	
上城区教育局	课题论坛	中小学预算管理与会计核算协调的问题研究	郭建平	蔡　旻	
萧山区教育局	课题论坛	紧扣要点深耕:会计服务后改革时代的必然选择	郭建平	莫伟军	
余杭区教育局	课题论坛	教育专项绩效管理存在的问题及对策研究	郭建平	吴方圆	
杭州市教育科学研究院	工作汇报	2021年分会工作总结和2022年工作计划	郭建平		
杭州市交通职业高级中学	钉钉直播微课	电子发票入账的实践与思考	郭建平	何嘉辉	
上城区教育发展服务中心	钉钉直播微课	个人税的申报与技巧	郭建平	茅敏丹	

2023年杭州市第七届"教育财务管理研究"交流研讨活动

单 位	形 式	内 容	主持人	专家	专家
		6月14日			
杭州市教育科学研究院	开幕式	主持人介绍来宾	郭建平		
萧山市教育局	开幕式	副局长致欢迎辞	郭建平	封小丽	
浙江省教育会计学会	开幕式	副秘书长、秘书处主任致辞	郭建平	林靖伟	
杭州市教育局计财处	开幕式	副处长、副会长、常务理事致辞	郭建平	邓冬青	
浙江省教育会计学会普教系统		表彰仪式	郭建平		
		集体合影	莫伟军		
萧山区教育局会计结算中心	主题报告	萧山范式：区域教育会计服务改革的成功实践	郭建平	莫伟军	
萧山区教育局会计结算中心	实践研究	集中核算模式下教育会计专业发展实践研究	莫伟军	倪建英	
余杭区教育局	经验交流	中小学校内部控制建设思考	郭建平	胡彩霞	
		用餐及午休	黄云刚		
杭州市各区90后代表	宣誓仪式	"扣好人生的第一粒扣子——职业道德规范"宣誓	郭建平	郭建平	
教育财务管理研究小组	圆桌讨论	《职业道德规范》大讨论	楼骅	楼 骅 张思思 孙淑颖 董 悦 茅敏丹	点评：林靖伟 王晓霞

单　位	形　式	内　容	主持人	专家	专家
萧山区教育局会计结算中心	课题推广	运用流程技术实现课后服务费收支管理的策略优化	郭建平	陈锦英	
拱墅区教育局会计结算中心	经验交流	中小学校食堂内部控制管理	郭建平	陈赞迪	
萧山区教育局会计结算中心	经验交流	写一份校长喜欢的财务分析报告	郭建平	童佩婷	
西湖区教育会计服务中心	经验交流	学研思——课题探索之路	郭建平	陈　斐	
杭州美术职业学校	经验交流	中小学校食堂相关问题探索	郭建平	戴央央	
活动结束					

2024年杭州市第八届"教育财务管理研究"交流研讨活动

单位	形式	内容	主持人	专家	专家
		5月22日			
杭州市教育科学研究院	开幕式	主持人介绍来宾	郭建平		
拱墅区教育局计财科	开幕式	致欢迎辞	郭建平	张 频	
浙江省教育会计学会	开幕式	副秘书长、秘书处主任致辞	郭建平	林靖伟	
浙江省教育会计学会普教系统	开幕式	表彰仪式	郭建平		
		集体合影	占丽萍		
拱墅区教育会计结算中心	主题报告	服务与监督　规范与创新	郭建平	占丽萍	
西湖区教育会计服务中心	经验交流	从"任务驱动"走向"需求推动"——教育财务团队建设的思考与实践	郭建平	施桂萍	
萧山区教育局会计结算中心	经验交流	区域教育会计业务质量管控体系构建的实践与思考	郭建平	董淑英	
		用餐及交流	占丽萍		
教育财务管理研究小组	辩论赛	中小学校设置财务部门的利与弊	何嘉辉	楼 骅　顾 茜　郑宗涛　马丽萍	姜淇筌　杨晶晶　杨苗苗　茅敏丹
杭州市交通职业高级中学	经验交流	学校食堂专项检查的问题探讨	郭建平	黄 莉	

单位	形式	内容	主持人	专家	专家
余杭区教育局	经验交流	学校食堂数智化改革 实现全流程闭环管理	郭建平	胡彩霞	
西湖区教育会计服务中心	经验交流	工作指南助力财会质量的提升	郭建平	郑彧哲	
浙江省教育会计学会普教系统	工作总结	2023年工作总结和2024年工作计划	郭建平	郭建平	
活动结束					

2023年杭州市—海宁市二地"教育财务管理研究"交流研讨活动

单　位	形式	内　容	主持人	专家	专家
		4月13日			
杭州市教育科学研究院	开幕式	主持人介绍来宾	郭建平		
海宁市教育局	开幕式	《弄潮儿向涛头立》宣传片和致欢迎辞	郭建平	金瑞明	
海宁市教育局	开幕式	副局长马海滨致辞	郭建平	马海滨	
浙江省教育会计学会	开幕式	副秘书长、秘书处主任致辞	郭建平	林靖伟	
海宁市预算会计核算中心教育分中心	表彰会	海宁市优秀会计表彰仪式	金瑞明		
		集体合影	金瑞明		
山东财经大学	法规学习	《中小学校财务制度》背景介绍和解读	郭建平	初宜红	
海宁市高级中学食堂		用餐及午休	金瑞明		
海宁市和杭州市合作	课题指导	海宁市两个课题现场指导	郭建平	林靖伟	王晓霞
西湖区教育会计服务中心	经验交流	课题研究助推财务管理	郭建平	施桂萍	
海宁市预算会计核算中心教育分中心	圆桌大讨论	监管与服务并重,需求与规范同行	郭建平	金瑞明	施桂萍 莫伟军 徐安军 胡彩霞
萧山区教育局会计结算中心	经验交流	运用流程技术实现课后服务费收支管理	郭建平	莫伟军	

单　位	形　式	内　容	主持人	专家	专家
西湖区教育会计服务中心	课题推广	财务人员培训课程设计	郭建平	郑彧哲	
杭州市教育科学研究院	政策学习	《会计人员职业道德规范》《浙江省教育乱收费责任追究办法(试行)》	郭建平	郭建平	
4月14日					
海宁市高级中学	现场学习	参观海宁市高级中学	金瑞明		
海宁市高级中学	现场交流	海宁片校财务工作汇报及专家点评	金瑞明	林靖伟	王晓霞
海宁市高级中学	自由交流	食堂财务管理和会计核算	郭建平	郭建平	
活动结束					

后　记

　　从实践到理论,是一个艰辛又充实的过程,同样也是凝练思想、升华认识的过程。本书是2023年中国教育会计学会面上课题《新中小学校财务制度背景下的学校财务治理研究》(JYKJ2023-102MS)阶段性成果,讲述杭州市直属、各区县一线教育财务人认识、充电、提高和改变的故事,是大家学习和研究财务管理团队智慧的结晶。研究虽不完美,但我们会尽能力使自己养成写作、分析习惯和形成成长性思维并形成相应的能力,让自己在研究的路上更出彩。在本书的编写过程中,杭州市教育局计财处各位领导默默鼓励支持,感谢姚坚原副局长、陈金飞处长、张益峰副处长、金源处长、邓冬青副处长、何洁处长、俞莉莉和杜川等,同时感谢浙江省教育会计学会秘书处孙振华、李国飞、林靖伟和王晓霞给了我非常大的鼓励和支持。本书凝聚杭州市各区县结算中心主任、团队伙伴、朋友的心血和汗水,特别是施桂萍、占丽萍、莫伟军、吴艳、楼淑平、张频、郑顺来、张林、陈昕晗和何雪凤等给予了悉心的指导,感谢童莉亚、黄莉、杨喆艳、陈洁兰、卓琼蕾、颜斌武、戴央央、倪建英等伙伴一直的陪伴。同时感谢彭松波教授、何兴教授、陶其高教授和陈义明教授给予我们杭州教育财务研究极大的支持和帮助,感谢中国教育会计学会基础教育专业委员会提供的交流平台。还有我的亲人、同事和朋友们为我创造各种条件,杭州市之江外语实验学校吴哲人老师从整理搜集资料到核对稿件,都为我的研究提供了诸多便利,在这里一并致谢。

　　在研究的过程中,自己也在不断成长。2021年9月,浙江省教育会计学会第六届一次理事会换届时,我任浙江省教育会计学会理事、副秘书长、学术组成员和《浙江教育财会》杂志编委。2022年9月,被浙江省教育会计学会推荐为中国教育会计学会基础教育专业委员会委员。2024年1月,加入中国教育发展战略学会教育财政专业委员会。2023年12月,在浙江省教育会计学会财务负责人、财务骨干培训会上交流《杭州市教育财务管理研究团队建设》;2024年1月,在北京大学中国教育财政科学研究所举办的"第九届中国教育财政学术年会"上分享《奋力谱写学校财会监督的杭州篇章——谈浙里报杭州样本的实践探索》。2022—2023年,在中国教育会计学会申报两个课题,均获立项。2024年4月,《新中小学校财务制度背景下的学校财务治理研究》获得中国教育会计学会2024年学术年会优秀奖。

在看稿过程中,读到每篇小伙们的文章,心里很温暖,我们要努力成为光,照亮自己的同时也照亮别人,讲好"杭州教育财务人"的故事,陪你们奔着问题去,带着问题学、对着问题改,做好理论学习和调查研究,推动"杭州智慧"的发展,在勇当先行者谱写新篇章中唱响"杭州教育财务治理"最强音,让"杭州经验"和"杭州智慧"辐射全省各地结(核)算中心,引领全省的中小学校教育财务人"以研提质""以研成长""以研登高"的浙江新范式。

奋斗创造奇迹。向最难之处攻坚,追求最远大的目标。路虽远,行则将至;事虽难,做则必成。只要有愚公移山的志气、滴水穿石的毅力,脚踏实地,埋头苦干,积跬步以至千里,就一定能够把宏伟目标变为美好现实。

专注成为高手。懂得保持专注是一种智慧。锁定一个目标,全身心投入其中,提高自制力,意志不动摇,养成好习惯,才有机会拥抱想要的生活,成为自己工作领域的高手。郑岚、陈昕晗和王晓兰等就是这个赛道上的佼佼者。

作为一本中小学校教育财务管理研究的实践探索成果,本书肯定有众多不成熟或谬误之处,敬请各位读者和同行批评指正。

郭建平

2024年7月于杭州

263

图书在版编目（CIP）数据

教育共富背景下杭州教育财务管理研究的实践 / 郭
建平编著． -- 北京：九州出版社，2024. 7.
ISBN 978-7-5225-3227-1

Ⅰ．G637.5

中国国家版本馆CIP数据核字第2024B37R42号

教育共富背景下杭州教育财务管理研究的实践

作　　者	郭建平　编著	
责任编辑	姬登杰	
出版发行	九州出版社	
地　　址	北京市西城区阜外大街甲35号(100037)	
发行电话	(010)68992190/3/5/6	
网　　址	www.jiuzhoupress.com	
印　　刷	杭州万星印务有限公司	
开　　本	710毫米×1000毫米　　16开	
印　　张	17.25	
字　　数	248千字	
版　　次	2024年7月第1版	
印　　次	2024年10月第1次印刷	
书　　号	ISBN 978-7-5225-3227-1	
定　　价	68.00元